W0088404

Marc Ferro und Philippe Jeammet
Kinder und Werte

Marc Ferro und Philippe Jeammet
Danièle Guilbert

Kinder und Werte

Erziehung in einer schwierigen Welt

Aus dem Französischen von
Christiane Landgrebe

Titel der französischen Originalausgabe:
Que transmettre à nos enfants?
© Éditions du Seuil, Paris 2000

Besuchen Sie uns im Internet
www.beltz.de

1 2 3 4 5 05 04 03 02 01

Alle Rechte der deutschsprachigen Ausgabe:
© 2001 Beltz Verlag, Weinheim und Basel
Umschlaggestaltung: Federico Luci, Köln
Umschlagillustration: Ludvig Glazer-Naudé
Satz: Glaese Fotosatz, Hemsbach
Druck und Bindung: Druckhaus Beltz, Hemsbach
Printed in Germany

ISBN 3 407 85793 4

INHALT

Vorwort

Chaos oder Baustelle?

»Wenn ich am Fenster stehe und meiner Tochter auf dem Weg ins Gymnasium nachschaue, weiß ich nicht, was für eine Welt sie betritt, sobald sie um die Ecke biegt.«

Genau wie diese Mutter sind viele Eltern der Meinung, dass ihre Kinder, obgleich wohl behütet, einer unbekannten und immer weniger vorhersehbaren Welt ausgeliefert sind. Wobei Drogen, Aids und Gewalt noch zu den Gefahren gehören, die man kennt. Wie aber steht es mit den anderen Gefahren und Risiken? Wie kann man die Kinder darüber informieren, davor schützen? Kann man sie überhaupt noch wirksam davor warnen?

Alles scheint in Bewegung. Was gestern noch als unverrückbar galt, hat man heute immer weniger im Griff. So wenig, dass man es kaum noch wagt, sich die weitere Entwicklung vorzustellen. Alles wird infrage gestellt, nichts scheint für immer gesichert. Wie sieht die Zukunft aus? Auf diese Frage zu antworten wird immer schwieriger.

Es kommt uns vor, als lebten wir auf einer riesigen Baustelle, die nie vollendet wird. Was wird aus dem uns gewohnten Erziehungssystem, was aus den Institutionen, die wir kennen, aus der Religion, sofern es sie noch gibt – alles wird infrage gestellt oder verändert. Ständig hören wir von neuen Vorschlägen, als müsse die Menschheit sich heute im gleichen Tempo weiterentwickeln wie die Informatik, in der zwei Jahre »alte« PCs bereits schrottreif sind. Eine Reform löst die andere ab.

Weltweit überstürzen sich die Ereignisse: Regime wechseln, Ländergrenzen verändern sich, und es ist unmöglich, dies im angemessenen Zeitraum auf den Weltkarten festzuhalten.

Ist es eigentlich nur ein Graben, der die Generationen heutzutage trennt oder haben Eltern über die Missverständnisse und Schwierigkeiten hinaus, zu denen es in der Pubertät, dem Alter der Opposition und Rebellion, immer wieder kommt, nicht generell das Gefühl, dass sie mit allen ihren Vorschlägen nicht mehr richtig liegen? Sehr stolz sind sie sowieso nicht auf sich, und es fehlte nicht viel, dass sie sich dafür entschuldigen, ihren Nachkommen die Welt in so schlimmem Zustand zu hinterlassen. »Sie hören uns ja nicht einmal zu«, klagen wir manchmal, betroffen oder wütend. Aber eigentlich wundern wir uns nicht darüber. Wir sind bereit, unsere Kinder zu verstehen und uns zu fragen: Was sind wir wert, was taugen unsere Fragen und Vorschläge noch? Und wie glaubwürdig wirken denn auch Erwachsene, die an der Schwelle zum fünfzigsten Lebensjahr stehen und fürchten müssen, aus der Arbeitswelt ausgestoßen zu werden?

Hat also das, was wir an die nächste Generation weiterzugeben haben, noch einen Wert? Befinden wir uns nicht auf dem Weg von einer *Traditions-* in eine *Informations*-Gesellschaft, in der sich das, was übermittelt wird, weder auf ein System von Werten noch auf Menschen bezieht, sondern allein auf den ständig fließenden Strom von Informationen, in dem sich alles unterschiedslos miteinander vermischt? Philosophen haben den Tod des »humanistischen Zeitalters« bereits angekündigt. Ist die Mehrheit der Menschen nicht schon davon betroffen?

Glücklicherweise gibt es keine Spezialisten für die Weitergabe von Werten und Traditionen, die Ad-hoc-Antworten auf alle Fragen zu diesem Thema hätten. Aber wie und mit wem soll man sich darüber Gedanken machen? Am meisten Sorgen machen wir uns, wenn die Kinder größer werden. Zahllose Eltern, die mit ihren kleinen Kindern (bis sie etwa zehn oder elf wurden) ein fast ungetrübtes Familienleben teilten, verlieren aus heiterem Himmel die Orientierung, weil sie ihre Söhne und Töchter nicht mehr verstehen und diese es ihnen kräftig heimzahlen.

Wir haben deshalb einen bekannten Psychiater, der sich unter anderem auf solche Probleme spezialisiert hat, wie sie in der Pubertät auftauchen, gebeten, uns zu erläutern, was genau in diesem Alter geschieht und uns zu erklären, wie sich auch heute die Weitergabe von Werten und Traditionen zwischen den Generationen vollziehen kann, und was er unter dem Begriff *Erziehung* versteht, dessen Bedeutung so unklar geworden ist.

Philippe Jeammet ist Professor für Kinder- und Jugendpsychiatrie, Psychoanalytiker und Leiter einer psychiatrischen Abteilung für Kinder- und Jugendpsychiatrie in Paris. Hier arbeitet er mit Familien, Erziehungseinrichtungen und Lehrern zusammen.

An der Weitergabe von Werten und Erfahrungen sind natürlich immer mehrere Personen beteiligt. Und obwohl von Schwierigkeiten meistens im Zusammenhang mit den Jugendlichen gesprochen wird, treten die Probleme doch vor allem aufseiten der Erwachsenen auf. Befragungen und Debatten zum Thema »Werte und ihre Vermittlung oder Überlieferung« zeugen von großem Unbehagen hinsichtlich der sozialen und erzieherischen Probleme in unserer Zeit. Alle Widersprüche, die zu diesem Elend beitragen, sind in ihnen angelegt. Aber: »Dank der Arbeit von Psychologen, aber auch Biologen, Anthropologen und Soziologen haben wir neue Erkenntnisse über den Menschen gewonnen, die man nur anwenden muss. Ich will mich also nicht damit aufhalten, darüber zu klagen, dass sich alles verändert. Denn gerade die Psychologie widmet sich seit jeher – und durch den Beitrag der Psychoanalyse auf besonders differenzierte Weise – der Beschreibung von Eigenschaften der Seele, die sich *nicht* verändern; sie entdeckt, was

in den Emotionen und Verhaltensweisen der Menschen erstaunlich dauerhaft ist.«

Außerdem fragt sich Philippe Jeammet zu Recht, ob die Situation, in der wir leben, wirklich so neu ist. Hat man die Probleme, um die es in diesem Buch gehen wird, nicht schon früher
aufgeworfen, und wenn ja, welche Lösung fand man dafür? Ist
es denn überhaupt schon einmal vorgekommen, dass die Weitergabe von Werten, Traditionen und Erfahrungen einfach
aufzuhören schien?

Mit dieser Frage aber befinden wir uns plötzlich auf histori-
schem Terrain. Haben uns also Historiker etwas zum Problem
dieser Art von Überlieferung zu sagen? Diese Frage haben wir
Marc Ferro gestellt: »Ich will gern versuchen, darüber nachzudenken. Doch kann ich nicht versprechen, dass ich mich nur
zur Vergangenheit äußere. Begründer der Geschichtsschreibung wie Thukydides haben nicht die Vergangenheit studiert,
sondern die Zusammenhänge zwischen Vergangenheit und
Gegenwart.«

Ferro ist Direktor an der *École des Hautes Études en sciences so-
ciales* und Mitherausgeber der berühmten Zeitschrift *Les An-
nales*. Er hat zahlreiche Werke über den Zweiten Weltkrieg veröffentlicht, ist Spezialist für die Russische Revolution und hat
mehrere Bücher über die Gesellschaft Russlands geschrieben.
Darüber hinaus hat ihn die Frage beschäftigt, wie man der jüngeren Generation Geschichte vermitteln kann, und dazu das
Buch *Comment on raconte l'histoire aux enfants à travers le
monde entier* (Weltgeschichte Kindern erzählt) geschrieben.
Seit 1989 leitet er die Fernsehsendung »Histoire parallèle« auf
ARTE und arbeitet für den Sender HISTOIRE. »Die Frage nach
der Weitergabe von Werten und Traditionen hatte ich mir nie
gestellt. Aber ich denke sehr gern darüber nach, weil ich überzeugt bin, dass Historiker am ehesten entscheiden können,
welche Elemente der Vergangenheit in der Zukunft überleben
können.«

Wird die Frage, was wir an unsere Kinder weitergeben sollen, wenn man sie Vertretern so verschiedener Disziplinen stellt, auch unterschiedliche Ansichten und Antworten über die Entwicklung und Probleme unserer Gesellschaft ans Licht bringen? Der Leser soll entscheiden. Philippe Jeammet geht bei seinen Überlegungen von seinem Wissen über das Individuum, die Entwicklung von Kindern und Jugendlichen und Schwierigkeiten in Familien aus, wie sie ihm oft bei seiner Arbeit begegnen. Marc Ferro stützt sich auf das, was er über die Geschichte von Gesellschaften weiß, aus früherer Zeit und in anderen Ländern. Den Beobachtungen der Geschichte, einer Wissenschaft, die sich mit Veränderung beschäftigt, werden die der Psychologie, einer Wissenschaft, deren Gegenstand Kontinuität ist, gegenübergestellt. Beide haben nun das Wort.

Danièle Guilbert

1. Kapitel

Das Erbe der Liebe

Marc Ferro: Was Eltern ihren Kindern in erster Linie vererben, ist der Körper. Mit ihm und dem, was ihm mitgegeben wird, fängt alles an. Bis heute gibt es keine Möglichkeit, dem zu entgehen.

Philippe Jeammet: Viele unserer Jugendlichen sagen: »Ich habe nicht darum gebeten, auf die Welt zu kommen!« Damit bringen sie zum Ausdruck, wie schwer es ihnen fällt, das zu ertragen, was ihnen ihre Eltern ohne ihr Einverständnis vererbt haben und dennoch eine wichtige Rolle spielt. Ihr Widerstand gegen das Vererbte richtet sich vor allem gegen den Körper, denn sie haben das Gefühl, bei ihren Gefühlen und Überzeugungen eher selbst wählen zu können. Sie lassen es sich ja auch nicht nehmen, sich hierbei von ihren Eltern abzugrenzen, allerdings ohne sich darüber im Klaren zu sein, welch große Abhängigkeit gerade diese Opposition bedeutet.

Ihr Körper drängt sich ihnen auf. An ihm lässt sich nichts ändern und das erleben sie als schicksalhaft. Man kann sich nicht aussuchen, wie groß man wird, wie man aussieht, wem man ähnelt, und vor allem nicht sein Geschlecht. Man kann immerhin versuchen, Herr seines Körpers zu werden, indem man ihn verändert. Der Mensch kann, wie man weiß, Dinge leichter angreifen und verpfuschen als sie verbessern. Man kann sich nicht selbst das Leben geben, zerstören aber kann man es immer. Dem Gedanken »Ich habe nicht darum gebeten, auf die

Welt zu kommen« entspricht der Satz »Ich kann sterben, wenn
ich will«: Bei vielen Selbstmordversuchen kommt diese
demiurgenhafte Versuchung zum Ausdruck, sein Schicksal in
die eigene Hand zu nehmen. Gegen sich selbst gerichtete Gewalt ist der letzte, wenn auch paradoxe Versuch, seine Identität
gegen das unerträglich gewordene Gefühl zu behaupten, passiv und von der Außenwelt abhängig zu sein, der gegenüber
man sich ohnmächtig fühlt. Mit dem Angriff auf ihren Körper
richten sich Jugendliche vor allem gegen das, dessen Erben
und Produkt sie sind: die Vereinigung ihrer Eltern.

Sehr psychoanalytisch / patologisch

DER TRAUM VON DER EWIGKEIT

PHILIPPE JEAMMET: Die Gentechnik bietet der Menschheit etwas an, was es bisher nicht gab: eine vollkommene oder »per-
fekte« Vererbung. Bei den Entdeckungen der Genetiker geht es
nicht mehr nur darum, die Übertragung fehlerhaften oder
kranken Erbguts zu verhindern. Die verschiedenen Techniken
künstlicher Befruchtung kommen auch zeugungsunfähigen
Paaren zu Hilfe.

MARC FERRO: Und wenn wir morgen dank dem Fortschritt
der Genetiker den Wunschtraum von der Allmacht schlecht-
hin verwirklichen könnten, uns durch Klonen selbst zu schaffen?

PHILIPPE JEAMMET: Dann würde man eine der neben dem
Unterschied der Geschlechter wichtigsten Säulen unseres See-
lenlebens antasten, den Generationenunterschied. Niemand

kann seine eigenen Eltern sein. Niemand kann sich selbst zeugen. Mit dem Klonen eröffnet sich die bislang unvorstellbare Möglichkeit, sich selbst zu reproduzieren. Der Wunschtraum, unsere Fortpflanzung zu beherrschen, erwacht zu neuem Leben. Diese ganz neue Möglichkeit verweist die Menschen auf ihren Traum von ewigem Leben, da es ihnen so schwer fällt, sich mit der Widerruflichkeit ihrer Existenz abzufinden.

Nebenbei bemerkt wird die Debatte um die Konservierung von Embryonen eher vermieden. Wenn aber zwei Embryonen am selben Tag gezeugt wurden, können zwei Brüder geboren werden, von denen einer noch im selben Jahr, der andere erst zu Ende des folgenden Jahrhunderts das Licht der Welt erblickt.

Die Grenzen des neuen Forschungsgebiets sind also nicht mehr festzumachen. Inzwischen ist man in Bereiche vorgedrungen, die früher als unerreichbar galten. An welcher Stelle wird man aufhören? Durch Verbote wird man weiteres Nachdenken kaum fördern. Man kann Zukunft nicht verbieten. Die Entdeckungen liegen in der Hand nur weniger Menschen, doch ist es unbedingt notwendig, dass zwischen den wenigen, die diese Macht besitzen, ihren Kollegen und der Öffentlichkeit Informationen weitergegeben werden und über die neuen Forschungsergebnisse nachgedacht wird, damit die Gesellschaft bei ihren Entscheidungen weiß, worum es eigentlich geht. Dies wird hoffentlich geschehen und entsprechend der Entwicklung unserer Kenntnisse immer weiter betrieben. Menschen können bei ihren Unternehmungen immer auf Abwege geraten. Das ist der Preis der Freiheit: Alles lässt sich zum Zweck der Beherrschung anderer pervertieren.

Was immer geschehen wird, verzichten wird man nicht. Irgendwer kann in irgendeinem Labor so viele Klone züchten, wie er will, auch wenn die Ethikkommission seines Landes dies verbietet. Die Tür der Erkenntnis zu öffnen muss jedoch nicht zwangsläufig heißen, dass man Ungeheuer entdeckt.

Das spezifisch Menschliche

Marc Ferro: Immerhin haben wir nicht die Macht, Leben zu erschaffen.

Philippe Jeammet: Wir können es nur auf der Grundlage von Elementen, die bereits vorhanden sind. Das genetische Material steht uns zur Verfügung. Man kann es steuern, aber nicht aus dem Nichts erschaffen. Man kann entscheiden, Leben nicht weiterzugeben, was aber aus vererbtem Leben wird, haben wir nicht in der Hand. Das ist ein entscheidender Punkt. Das Einzige, was wir auf jeden Fall beherrschen, hat mit dem Tod zu tun: Wir sind in der Lage zu zerstören.

Im Übrigen sollte man nicht aus den Augen verlieren, dass das genetische Material erst im Austausch mit der Umgebung wirklich zur Entfaltung kommt. Wir sind unser Genom, aber wir sind auch Ergebnis der Beziehung zu unserer Umgebung, unserem Milieu, unserer Geschichte usw. Auch wenn wir der genaue Klon eines anderen sind, so werden wir nie genauso sein wie er.

In den Fortschritten der Gentechnik kommt eine wichtige anthropologische Konstante zum Ausdruck: der Traum von der Ewigkeit. Religionen boten ihren Gläubigen immer eine Vision von der Ewigkeit und tun es bis heute. Die Biologie könnte diese Rolle übernehmen.

Manche sind sich dessen bewusst und beantragen die Aufbewahrung, die Einfrierung ihres Körpers, in der Hoffnung, die Wissenschaft könnte ihre Leiche eines Tages wieder zum Leben erwecken.

»An der Spitze meines Skalpells habe ich keine Seele gefunden«, sagte der Philosoph Condillac. Hört man hingegen heute manche Genetiker und Neurobiologen, dann hat man den

Eindruck, dass das, was den Menschen von anderen Lebewesen unterscheidet, keine allzu große Rolle mehr spielt.

Im Zusammenhang mit dieser Debatte lassen sich zwei Positionen unterscheiden, die Vorstellung des Naturwissenschaftlers, für den der Geist nur ein Produkt der Materie und durch die Regeln, die Letztere bestimmen, zu erklären ist, und die Auffassung des Philosophen, für den der Rückgriff auf eine dualistische Vorstellung notwendig ist, um die Besonderheiten des menschlichen Geistes in der geeigneten Weise erkennen zu können. Mir scheint jedoch, dass eine naturwissenschaftlich-monistische Sichtweise, der ich selbst anhänge, es nicht ausschließt, dass die menschliche Psyche auf besondere Weise funktioniert und dass es zwischen dem Tier und dem Menschen einen qualitativen Sprung gibt. *hoffentlich*

Im Lauf der Entwicklung des Menschen kam es zu genetischen Mutationen, durch die er »frühreif« auf die Welt kommt. Und zwar mit einer spezifischen motorischen Unreife – erst nach einem Jahr beginnt er ja zu laufen –, aber mit normal entwickelter Sensorik. So empfängt das Neugeborene Reize, die es mit seinem Körper noch nicht, aber mit seinem Gehirn verarbeiten kann, das dabei ist, sich zu entwickeln. Und von einem bestimmten Entwicklungsstadium des Gehirns an ist eine nur dem Menschen eigene Fähigkeit entstanden, nämlich sich selbst zu sehen, sich seiner selbst bewusst zu sein, nachzudenken. Und was hat der Mensch erkannt, was andere Lebewesen nicht sehen? Seine Endlichkeit und damit einhergehend seine Begrenztheit. Seither lebt der Mensch mit jener Verletzung seiner Eigenliebe, die man narzisstische Kränkung nennt. Ohne auf eine dualistische Erklärung zurückgreifen zu müssen, lässt sich sagen, dass er sich daher ein Mittel geschaffen hat, sein inneres Gleichgewicht und sein Selbstwertgefühl zu steuern. Ein System von Werten und Überzeugungen tritt an die Stelle seiner seelischen Abhängigkeit von dem Bild seiner selbst, das ihm seine Bezugspersonen, also im Fall des Kindes seine El-

tern, vermitteln. Wenn dieses System von Werten und Überzeugungen, dem sich niemand entziehen kann, einmal etabliert ist, wird es auf unabhängige Weise durch Repräsentatio-
nen und Modelle, d.h. um seelische Quellen, ergänzt, die ihren
Ursprung von Außen beziehen. Diese seelischen Funktionen
bilden einen Faktor, der durch das neurobiologische Funktionieren unseres Gehirns beeinflusst werden kann oder selbst
Einfluss nimmt.

MARC FERRO: Kann man mit chemischen Mitteln die Moral
eines Menschen beeinflussen, wie es sich Stanley Kubrick in
seinem Film *Uhrwerk Orange* vorstellt?

PHILIPPE JEAMMET: Man kann gewiss den Charakter verändern und plötzlich Dinge ans Licht holen, die vorher nicht zu
erkennen waren. Gibt man zum Beispiel einem Menschen, der
rebellisch ist, sich in seiner oppositionellen Haltung verfestigt
hat, Neuroleptika, also ein Psychopharmakon, wie man es bei
Schizophrenen anwendet, kann man seine passive Seite, sein
Verlangen nach Abhängigkeit zur Geltung bringen, als hätte
man einen Deich gebrochen. Man hat sein inneres Gleichgewicht verändert und dadurch bestimmte Abwehrkräfte besei-
tigt, wodurch das, wovor er sich schützte, zum Vorschein
kommt.

MARC FERRO: Mit anderen Worten lässt sich das moralische
Verhalten einer Person verändern.

PHILIPPE JEAMMET: Mithilfe der Chemie kann man unser inneres Gleichgewicht und sogar unsere Überzeugungen beeinflussen, umgekehrt jedoch haben unsere Wert- und Glaubens-
systeme eine steuernde Wirkung auf unser Gleichgewicht und
unsere Chemie. Eine Belohnung zu erhalten erfüllt uns mit
Freude und Wohlempfinden: Unsere Chemie wurde verändert.

Jeder wird von einer Geschichte geprägt, die seiner Geburt lange vorausgeht. Eine Geschichte, nach der zu fragen unerlässlich ist. Jedes Kind stellt die Frage nach dem großen Rätsel: »Wo kommen die Kinder her? Woher komme ich? Welche Verbindung habe ich zu Mama, welche zu Papa? Welche haben sie zueinander, welche zu ihren Eltern?« Dieses Rätsel bildet den Stoff der kindlichen sexuellen Theorien über die Fortpflanzung, wobei die Phantasie weit über die rationalen Antworten, die man ihnen geben kann, hinausgeht. Diese Antworten haben übrigens nur eine relative Wirkung auf das Kind und halten es nicht davon ab, weiter seinen Phantasievorstellungen nachzugehen. Im Unbewussten eines jeden Kindes findet eine aufwendige Arbeit statt, der Versuch, das Geheimnis der Weitergabe des Lebens zu durchdringen und ihm einen Sinn zu geben.

Kein Leben ohne Überlieferung

MARC FERRO: Nach dem, was Sie sagen, können die Naturwissenschaften kaum dazu beitragen, die Frage, mit der wir uns beschäftigen, zu beantworten.

PHILIPPE JEAMMET: Von jeher hat sich die Menschheit über dieses Thema Gedanken gemacht. Mythen und Religionen sind sinnstiftend und stellen einen Halt dar. Doch die Frage bleibt bestehen: Wie kommt es, dass ich das Kind gerade dieses Mannes und jener Frau bin und nicht von anderen? Hier geht es um das Geheimnis dessen, was Menschen miteinander verbindet. Das Geheimnis der Bindung ist stets präsent, gepaart

mit der Sorge, nicht genügend erwünscht zu sein, nicht genug
geliebt zu werden. Ein Kind, das man zwar ernähren, dem
man aber vollständig seine Umgebung nehmen würde, müsste
sterben. Ohne Bindung kann es keine Entwicklung geben und
ohne Weitergabe kein Leben.

Die Psychoanalyse konfrontiert uns mit der Tatsache, dass das,
was uns weitergegeben wird, nicht nur auf genetischem Weg
zu uns gelangt, sondern auch durch die Bindungen unserer
Kindheit, mehr unbewusst als bewusst mit den Dimensionen
Vergnügen/Missvergnügen, Sicherheit/Unsicherheit, Vertrau-
en/Beunruhigung. Seit seiner Geburt befindet sich das Kind in
diesem seelischen Ambiente. Es wird vom Verhalten seiner
Umgebung, besonders von den Eltern, geprägt und auch von
dem beeinflusst, was diese ihrerseits von ihren Eltern gelernt
haben. Das Kind gerät in ein Netz von Sinngebung und Gefühlen, die durch Verhaltensweisen übermittelt werden und durch
Worte, deren Inhalt sich auf die Erfahrung mehrerer Generationen bezieht.

Die Grundbedürfnisse des Menschen sind dauerhaft; jedenfalls ändern sie sich wesentlich weniger, als man sich vorstellen
kann. An dieser Stelle wirkt die Psychologie ein wenig konser-
vativ-bewahrend: In ihren Augen bleiben die inneren affektiven Bedürfnisse des Menschen dieselben, auch wenn sie in verschiedenen Formen zum Ausdruck kommen, die wiederum
Einfluss auf die Art und Weise haben, wie man mit ihnen umgeht: Bedürfnis nach Sicherheit, nach Bindung, nach Anerkennung des eigenen Werts, Bestätigung des Selbstbewusstseins.

Diese Grundbedürfnisse können uns, wie groß die Gefahren
des Lebens auch sind, Gewissheit über die Qualität dessen geben, was wir weiterzugeben haben, und uns davor bewahren,
auf Täuschungen hereinzufallen. Die Veränderung von Aus-
drucksmitteln und Kulturformen ist weniger tief greifend, als
man glaubt. Bei allen Umwälzungen, die im 20. Jahrhundert
stattgefunden haben, bei allem unerhörten technischen Fort-

schritt sind die Menschen doch nicht zu Außerirdischen geworden.

Man findet jene Grundbedürfnisse selbst hinter noch so negativen Haltungen. Hinter der heftigen Nörgelei mancher Jugendlicher verbirgt sich die Angst, das grundsätzliche Bedürfnis nach Bindung zu verspüren, und das unerträgliche Leid, das entstünde, wenn sie sich dessen bewusst würden.

Bei einem Kind oder einem Jugendlichen zeigt dich der Mangel an emotionaler Sicherheit in seelischen Brüchen und Angriffen gegen sich selbst. Solchen Kindern fällt es schwer, ihrem Leben Kontinuität zu geben, es kommt zu Denkstörungen, zu Schwierigkeiten, sich um sich selbst zu kümmern, auch um den eigenen Körper.

Glücklicherweise haben wir jedoch mit nur wenigen Ausnahmen eine Antwort auf unser Bindungs- und Sicherheitsbedürfnis erhalten, als wir kleine Kinder waren. Aber alle sind durch die Bindungen der Kindheit geprägt, ob positiv oder negativ.

MARC FERRO: Vor einigen Jahren hörte ich im Radio eine Sendung über die Kindheit historisch bedeutender Persönlichkeiten: Bach, Trotzki, Perikles, Lincoln, Kafka, Chopin, Marx … Ich habe dabei Folgendes festgestellt: Manchmal prägt die Kindheit das ganze Leben, sie ist die Grundform der Existenz, die sich vornehmlich von ihr ernährt. Bei Charlie Chaplin sind fast alle Filmszenen bis 1935 Kindheitserinnerungen. Ebenso ist es in Dickens' Romanen oder bei Chagall, der sein Heimatdorf, seine Familie malt. Auch ein Teil von Kafkas Werk schöpft aus der Kindheit: Er wurde von seinem Vater, seiner Familie, der Schule erdrückt und fürchtete sich vor der Straße …

Eine zweite Gruppe bilden diejenige, die mit ihrer Kindheit nichts zu tun haben wollen. Sie war so, dass sie sie nicht nur vergessen, sondern am liebsten auslöschen würden. Das außergewöhnlichste Beispiel ist Hitler, der den Friedhof, auf dem das Grab seines Großvaters lag, dem Erdboden gleichmachen ließ, da er den Großvater der Untreue bezichtigte. Er lehnte auch seinen Vater und seinen älteren Halbbruder ab. Als er an die Macht gekommen war, ließ er ihre Spuren aus den Friedhofsregistern entfernen. Warum? Weil seine Mutter von diesem Vater und Halbbruder schlecht behandelt worden war … Hitler fragte sich, ob nicht ein Elternteil jüdischer Herkunft war, ein Zweifel, der an ihm nagte (übrigens schätzte er den Arzt seiner Mutter, der Jude war, sehr!). Eine recht komplexe Angelegenheit also. Seltsamerweise verhält es sich bei Stalin ganz ähnlich: Er hatte Angst vor seinem Vater, der seine Mutter, eine Wäscherin, schlug. Eines Tages warf er mit dem Messer nach ihm. Er verachtete seine Familie, und als die Mutter starb – damals war er schon der große Stalin –, ging er nicht zur Beerdigung.

Dann gibt es noch die Kindheit von denen, die schon in ganz jungen Jahren wissen, dass sie das Erbe ihrer Familie antreten werden. So ist es oft bei Musikern, Mathematikern und besonders oft bei Gelehrten oder Söhnen großer Familien – etwa den Churchills oder Kennedys, die dazu erzogen worden sind, noch bedeutender zu werden als ihre Väter. Der kleine Händler Kennedy, der zum Großhändler und dann zu einem mächtigen Mann wurde, träumte davon, dass einer seine Söhne Präsident würde.

Es gibt noch andere Kategorien wie etwa die der Rebellen: Dazu gehört Gandhi, der sich gegen die Verordnungen seines Vaters auflehnte, aber auch Camus, Rimbaud, George Sand … Die einen rebellieren gegen die Mutter, die anderen gegen den Vater.

PHILIPPE JEAMMET: Manche überlassen sich ganz der Sehnsucht nach Sicherheit, die sie in ihrer Kindheit erfahren haben, andere weisen das Leid, das sie erlebten, von sich. Eine Bindung an die Kindheit, die sich auch hinter Provokationen verbergen kann, gibt es in allen Milieus. Da werden etwa in den heruntergekommenen Vorstädten riesige Wohnblocks gesprengt, weil man endlich begriffen hat, wie schwer sich ein würdiges Leben dort realisieren lässt. Und erstaunlicherweise waren die Jugendlichen, wie kürzlich im Fernsehen zu sehen war, sehr bewegt, als sie zusehen mussten, wie verschwand, was letztlich ihr Zuhause gewesen war und damit auch die Bindung an ihre Kindheit. Man sieht, dass diese Bindung ein Ankerpunkt ist, von dem sich diese Jugendlichen oft befreien wollen, und zwar umso brutaler, je mehr ihr Herz daran hängt, auch wenn ihre Kindheit nicht sonderlich schön war. Und später kommt dann bei ihnen eine Art Nostalgie für alles auf, gegen das sie scheinbar in ihrer Jugend gekämpft haben.

Was Sie über die Kindheit historisch bedeutsamer Menschen gesagt haben, passt zu dem, was man heute weiß. Was die Aufmerksamkeit eines Kindes und später einer Frau oder eines Mannes erregt, hat nicht immer mit der Wirklichkeit der Welt zu tun, die wir zum großen Teil gar nicht wahrnehmen können. Es haben sich in den ersten Augenblicken des Lebens wichtige Dinge ereignet, in der Art der Beziehung zu der Umgebung, in der Freude, mit anderen zusammen zu sein.

Selbst wenn die Neigung nach Veränderung scheinbar viele Werte infrage stellt, so ist deren Spur nicht ausgelöscht, denn sie entsprechen dem Bedürfnis nach Dauer, Sicherheit und Liebe. Niemand, nicht einmal ein abgebrühter Krimineller, kommt ohne Liebesbedürfnis aus. Geliebt zu werden, bedeutet, in den Augen eines anderen etwas wert zu sein. Niemand kann dieser Forderung des Narzissmus entgehen: Das Selbstwertgefühl kann sich nur durch das Bild entwickeln, das wir bei anderen hinterlassen und das sie uns zurückgeben. Wir alle brauchen dieses Gleichgewicht zwischen dem, was die anderen – die Familie, die Schule, die Berufswelt etc. – von uns fordern, und unseren inneren Ressourcen, unserer inneren Sicherheit.

NIEMAND KOMMT OHNE DAS BEDÜRFNIS AUS, GELIEBT ZU WERDEN

MARC FERRO: Sie haben das Wort Narzissmus jetzt bereits mehrfach verwendet, aber ich fürchte, ich verstehe es nicht in derselben Weise wie Sie …

PHILIPPE JEAMMET: Der Narzissmus entwickelt sich in den ersten Lebensmonaten. Ich will versuchen, ihn anhand eines Beispiels genauer zu definieren. Nehmen wir die Zeit, in der ein Kind von anderthalb Jahren ins Bett geht. Drei Situationen können sich aus der Notwendigkeit ergeben, sich von der Mutter und denen, die es beim Schlafengehen verlassen muss, zu trennen:

— Geht die Mutter weg, weint das Kind. Es braucht ihre Gegenwart, seinen äußeren Halt. Es hat nicht die innere Sicherheit, kann seine eigenen Ressourcen noch nicht verwenden. Dieses Kind, das von seiner Mutter abhängig ist, kann leicht zum Tyrannen werden, wodurch die Mutter abhängiger wird als es selbst.

— Das allein gelassene Kind, dem es an allem fehlt, weint nicht, doch es ist völlig verzweifelt. Es wiegt sich hin und her, schlägt seinen Kopf gegen den Bettrand, es muss irgendetwas spüren, selbst wenn es wehtut, damit es trotz seines Unglücks fühlt, dass es am Leben ist.

— Wenn das Kind im Bett liegt, lutscht es am Daumen und scheint, wenn man sich von ihm entfernt, ganz ruhig. Es hat in sich selbst genügend Ressourcen gefunden, seine Lebensfreude auszukosten, die Menschen, die es liebt, sind wie in ihm enthalten, und der Zustand des Wohlergehens befähigt es, seine Einsamkeit zu ertragen.

Wir sagen in so einem Fall, dass die narzisstischen Fundamente dieses Kindes fest etabliert sind. Zwischen der Welt und ihm besteht eine Vertrauensbeziehung, basierend auf der Bindung an seine Mutter, an die Menschen seiner Umgebung, ohne dass das Kind spüren muss, wie sehr es, weil es noch so klein ist, von dieser Bindung abhängig ist. Wenn es größer wird, muss es noch viele weitere Trennungen hinter sich bringen, es muss mit unbekannten und manchmal schwierigen Situationen umgehen, doch es trägt die notwendigen Ressourcen in sich, um dies zu tun, ohne Angst, zerstört zu werden. Dank dieser in ihm fest etablierten inneren Sicherheit kann es ohne Mühe seinen Platz gegenüber der anderen Generation und dem anderen Geschlecht finden.

MARC FERRO: Heutzutage trennen sich viele Paare, manchmal sogar sehr bald nach der Geburt ihres Kindes. Es sieht deshalb seinen Vater kaum oder nur sehr selten (oder im Zug zunehmender »Gleichheit« seine Mutter)! Viele junge Erwachsene können nicht sicher sein, dass sie morgen noch Arbeit haben werden. Wie können solche Eltern ihren Kindern die Sicherheit geben, von der Sie sprechen?

PHILIPPE JEAMMET: Die Entwicklung eines Kindes lässt sich niemals unmittelbar aus einer einzigen Situation herleiten. Bestimmte Risikofaktoren lassen sich jedoch erkennen, vor allem, weil man in den letzten Jahren die Bindung zwischen Mutter und Säugling gründlich erforscht hat. So weiß man heute, dass das Klima des Wohlergehens, von dem ich spreche, manchmal schwerer herzustellen ist, als es scheint, denn die Ankunft eines Kindes, besonders des ersten, bedeutet einen Unsicherheitsfaktor, aus dem einfachen Grund, weil immer ein Unterschied zwischen dem Kind besteht, das man sich erträumt hat, und dem, das man wirklich bekommt. Durch seine Geburt werden alle möglichen mehr oder weniger gelösten

Konflikte zwischen der Mutter und ihren Eltern, besonders die mit ihrer Mutter, neu aktiviert. Je nach Geschlecht des Kindes reproduziert die Mutter beispielsweise den Platz, den sie in der eigenen Geschwisterreihe einnahm. Dies alles kann sich zwischen Mutter und Kind stellen und kann sowohl bereichernd als auch trennend sein.

Durch die Zeit der Schwangerschaft und die Geburt spielt auch das, was der Vater in seiner Kindheit erlebt hat, wieder eine Rolle, was sich bis hin zur Gewalttätigkeit ausdrücken kann, was andere natürlich verhindern sollten.

Aber hinzu kommt, dass die jungen Paare heutzutage oft isoliert für sich leben. Diese Isolation schützt sie zwar vor den mehr oder weniger gut gemeinten Ratschlägen ihrer Eltern, aber dafür müssen sie mit dem Schlafmangel und auch den Sorgen, die sich nach der Geburt einstellen, ganz allein zurechtkommen.

Das Problem, das Sie ansprechen, ist gravierend. In meinem Fachgebiet, der seelischen Gesundheit der Kinder, gehört es in den Bereich der Prävention. Da man heute weiß, wie wichtig es ist, dass die Dinge zu Beginn des Lebens positiv verlaufen, darf es nicht so weit kommen, dass Mütter angesichts ihrer Aufgabe depressiv werden, und folglich muss man verhindern, dass sie sich ihrer Verantwortung nicht gewachsen fühlen. Es sollte jemand da sein, der die Mutter darin unterstützt, was sie ihrem Kind geben muss. Die Gesellschaft sollte der Mutter dabei helfen, ihre Rolle einnehmen zu können. Glücklicherweise gibt es Orte, an denen dies möglich ist, doch vermutlich gibt es nicht genügend Einrichtungen für Mutter und Kind.

Kontinuität gewährleisten
und Öffnung erlauben

MARC FERRO: Was geschieht, wenn kein Vater da ist?

PHILIPPE JEAMMET: Wenn die Mutter allein ist, besteht die Gefahr, dass sie dem Kind einziges Vorbild ist, und so kann es von ihr abhängig werden. Dann versucht es häufig, sich durch kapriziöses Verhalten aus dieser allzu vereinnahmenden Bindung zu befreien. Es kann auch passieren, dass die Mutter das Kind, ohne dass es ihm bewusst wird, damit belastet, die Stelle des Mannes an ihrer Seite einzunehmen. In jedem Fall wird durch den fehlenden Vater ein Rätsel tradiert, das Rätsel seiner Abwesenheit. Die Macht dieses Rätsels ist so groß, dass es sich vor das eigentliche Leben schiebt. So idealisieren manche Kinder, die adoptiert worden sind, ihren leiblichen Vater und werden von allem, was sie mit ihren Adoptiveltern erleben, abgelenkt. Alles bleibt in der Schwebe. Allerdings kann sich die Mutter, wie immer die Konstellation ist, dieser Dinge ganz bewusst sein, und dann nimmt auch jeder den Platz ein, der ihm gebührt. Und es kann Ersatzväter geben: Onkel, Großväter oder Freunde. Die Funktion des Vaters ist entscheidend wichtig. Die Mutter knüpft die Verbindungen, die Voraussetzungen für ein Klima von Gleichgewicht und Entwicklung sind, der Vater jedoch sorgt dafür, dass dieses Klima entsteht. Er ist anders als die Mutter, und durch seine Gegenwart wird verhindert, dass eine exzessive und totalitäre Bindung entsteht. Er hat Einfluss auf das seelische Gleichgewicht der Mutter, die ja auch noch eine Frau ist. Der Vater hat die unverzichtbare Rolle, für Öffnung zu sorgen. Er ist ein wichtiger Faktor für die Differenzierung. Diese und

die Kontinuität bilden die beiden Achsen für die Entwicklung
des Kindes.

Man weiß, dass das Kind für seine Entwicklung eine dauerhaf-
te Bindung braucht und eine immer größer werdende Aufge-
schlossenheit für den Unterschied, für das, was gegenüber
dem privilegierten Bereich zwischen ihm und seiner Mutter
das dritte Element bildet. Sie dient ihm als Spiegel, in dem es
sich betrachtet. Durch sie kann sich im Kind das Gefühl innerer Kontinuität bilden, die Basis der Identität. Was jedoch un-
verzichtbar ist, kann, gerade wegen seiner Unerlässlichkeit, zu
einem Hindernis werden, wenn die Öffnung gegenüber dem
Dritten nicht groß genug ist. Diese Öffnung hat die Mutter bereits im Sinn, wenn sie sie sich nicht als allmächtig, als einziges
»gutes Objekt« für ihr Kind versteht, sondern dem Vater und
den verschiedenen Mittlerfiguren, welche die Gesellschaft bietet, einen Platz einräumt, sowohl in ihren eigenen Wünschen
als auch in denen des Kindes.

Die Öffnung zum Dritten ist umso einfacher zu vollziehen,
wie sich das Kind in einer sicheren und lustvollen Beziehung
zur Mutter befindet. Sich an sie zu klammern ist kein Zeichen
von Liebe oder einer starken Bindung, sondern im Gegenteil
ein Zeichen von Unsicherheit und Ambivalenz der Beziehung.
Es ist ein allgemeines Gesetz menschlicher Entwicklung, dass
wir nicht umhinkönnen, wenn unser Narzissmus vom anderen unterstützt wird, ihn abhängig zu machen. Kleine Kinder
erreichen dies mit ihren Launen, größere durch Widerspens-
tigkeit oder Klagen über Schmerzen aller Art. Manche Jugendliche gehen, um einer solchen Abhängigkeit zu entkommen,
bis zum Selbstmordversuch, oft genug sind sie vorher mehr-
mals weggelaufen, ein Ausdruck ihres Bedürfnisses, einer unerträglich gewordenen Abhängigkeit zu entkommen.

Wenn das Kind älter wird, lernt es immer mehr zu unterscheiden, besonders zwischen den Generationen und Geschlechtern. Letztere erkennt es an dem Weniger oder Mehr – dem

Penisneid und all seinen phallischen Ableitungen –, bevor es diesen Unterschied auch als den einander ergänzender Elemente wahrnehmen kann.

Heute macht man sich viele Gedanken über den abwesenden oder weit entfernten Vater, zumal es zugleich immer heißt: »Der Vater ist das Gesetz.« Hierbei lässt man sich allerdings zu allzu großen Vereinfachungen hinreißen. Es ist in erster Linie die Sozialordnung, die in die enge Bindung zwischen dem Kind und der Welt der Mutter eindringt, und das »Gesetz« ist die soziale Repräsentation dieser Lebensnotwendigkeit, die dazu führt, dass das Kind seine Mutter verlässt. Der Vater kann das Gesetz als Garant des Inzestverbots vertreten. Er steht für die Notwendigkeit, dass das Kind sich von seiner Mutter trennen muss. Oft jedoch können schön klingende Formeln gefährlich sein, weil man sie leicht falsch anwendet. Ein Vater, der glücklich mit seiner Familie zusammen ist, ist nicht Moses, der den Israeliten das Gesetz bringt. Auch darf man nicht aus den Augen verlieren, dass die Funktion des Vaters wie die der Mutter von mehreren ausgeübt werden kann, nicht nur von Vater oder Mutter.

FAMILIE IN ANDERER FORM, ABER IMMER NOCH FAMILIE

MARC FERRO: Bleiben bestimmte Werte, die nicht umgesetzt und wenig gewürdigt werden, deshalb unterschwellig immer noch legitime Werte, weil sie den grundlegenden Bedürfnissen gerecht werden, von denen Sie sprachen? Letztes Jahr haben meine Frau und ich goldene Hochzeit gefeiert. Unsere Schüler, die uns bei dieser Gelegenheit viel Freundlichkeit erwiesen, sagten: »Fünfzig Jahre zusammen, das ist wirklich ungewöhnlich!« Es kam ihnen vor wie eine fremde Welt. Zwei Drittel der Schüler meiner Frau haben geschiedene oder getrennt lebende Eltern ... Die Familienmoral hat sich geändert, das ist keine Frage. Aber in einem zweifachen Sinn, denn diese jungen Menschen waren ja doch voller Bewunderung für dieses »Wunderpaar«.

PHILIPPE JEAMMET: Umfragen zufolge bleibt die Familie in allen Ländern ein grundlegender Anker. Selbst für die Jugendlichen, die sie eigentlich eher verdammen.
Heirat und Liebe gehörten früher – und in bestimmten Milieus noch heute – nicht unbedingt zusammen. Heute ist die Liebe Grundlage dafür, dass sich zwei Menschen zusammentun – ein Modell, das relativ neu ist. Wir wissen um seine positive Wirkung in dem Moment, wo die Kinder auf die Welt kommen. Eine gute Paarbeziehung trägt entschieden dazu bei, dass die Mutter sich in die Bedürfnisse des Kindes hineinversetzen kann, wodurch ein harmonisches und vertrauensvolles Klima entsteht. Wenn die Mutter in der richtigen Weise auf die Bedürfnisse des Kindes reagiert, bleiben beide noch eine Weile aufs Engste miteinander verbunden. Das Kind kann sich langsam an seine Umwelt anpassen, ohne sich gegenüber der Außenwelt allzu schnell als ohnmächtig zu empfinden. So entsteht ein Vertrauen, durch das in den folgenden Monaten nach und nach die Unterscheidung der Mutterfigur von den anderen deutlich wird, eine Differenzierung, die sich in aller Ruhe und ohne Störungen herausbildet.
Verliebt zu sein ist also in jedem Fall positiv. Allerdings können in der Dialektik zwischen dem Leben als Paar (»sie ist mehr Ehefrau als Mutter«) und dem Leben als Eltern natürlich Schwierigkeiten entstehen.

Heute arbeiten Mann und Frau jeder in seinem Bereich und die Eheleute sind in gewisser Weise zu Partnern geworden. Dies ist nicht ungefährlich, weil das Kind auch unterscheiden können muss. Eltern sollten sich gegenüber ihren Kindern also klar positionieren. Auch unter dem Vorwand, dass man immer gemeinsam entscheiden müsse, damit das Kind nicht einen gegen den anderen ausspielt, läuft man Gefahr, Kindern ein Bild von den Eltern als einem Block zu vermitteln, und verhindert damit das für die Identitätsfindung so wichtige Hin und Her zwischen beiden Eltern. Außerdem wird hier dem Kind eine Möglichkeit der Unterscheidung genommen. Keine Sorge, dies hindert das Kind nicht daran zu erkennen, dass Vater und Mutter gemeinsam für es da sind.

Heute sind, wie man sagt, die Rollen von Vater und Mutter weniger unterscheidbar. Sie kommen nicht mehr so deutlich zum Ausdruck, und für das Kind ist es schwieriger geworden, sie zu verstehen. Wenn überhaupt, lässt sich von väterlicher Ordnung nur noch in dem Zusammenhang sprechen, dass der Vater sozial durch andere Mittlerfiguren ersetzt wird, die seine Rolle bekräftigen. Aber die soziale Ablösung des Vaters, der den Unterschied repräsentiert, hat sich verändert. Wir erleben eine Verschiebung der Stellen, die den Unterschied markieren. Doch selbst wenn sich der Stellenwert des Mannes weniger ändert, als man glaubt, kann es möglicherweise bei der Vermittlung dieses Stellenwerts, der ihm traditionsgemäß zukam, zu Unklarheiten kommen.

Vielleicht ist aber auch die Verbreitung psychoanalytischer Vorstellungen, die verfälscht wurden, Ursache der Kämpfe um den Geschlechterunterschied. Es geht unter anderem um die berühmte phallische Dimension, die übrigens bewirkt, dass sich Mann und Frau weniger durch ihr Geschlecht als durch die Macht, die der eine hat und der andere nicht, unterscheiden. Dass der Unterschied der Geschlechter vor allem als Machtproblem erfahren wird, trifft in sozialer Hinsicht sicher-

lich zu, und man kann durchaus der Meinung sein, dass hierin
eine Pervertierung dieses Unterschieds vorliegt.

Der Geschlechterunterschied kann aufseiten des Mannes aber
auch zu einer Quelle der Angst werden, so als fürchteten die
Männer besonders dann, wenn bei ihnen immer noch der
Wunsch besteht, mit der Mutter zu verschmelzen, das zu verlieren, was ihre Besonderheit ausmacht. Dieser Wunsch nach
Weiblichkeit, nach Identifizierung mit der Mutter und der
Rückkehr in die Kindheit würde sie zwingen, den Geschlechterunterschied nicht mehr in Form von Anderssein und Er-
gänzung – was er tatsächlich ist – zu begreifen, sondern in
Form von »mehr« oder »weniger«: Man *ist* nicht anders, aber
man *hat* mehr. Man hat ein zusätzliches Geschlechtsmerkmal.
Die Frau ist angeblich kastriert und der Mann nicht. Dies ist
natürlich Unsinn, möglicherweise begünstigt durch Irrwege
der Psychoanalyse, bei denen zu oft von Kastration die Rede
war. Freud selbst hat von Kastration gar nicht gesprochen.
Frauen sind nicht kastriert. Der Mann hingegen fürchtet in
seinen Ängsten, seine mögliche Weiblichkeit als Penisverlust
zu erleben. Die Kastration ist eine Angstvorstellung, ein
Phantasma, das mit der Realität nichts zu tun hat. Das Seelenleben ist auf der Basis des Geschlechterunterschiedes
strukturiert, und die symbolische Kastration ist synonym mit
Hinnahme der Differenzierung, mit dem Durchtrennen der
Nabelschnur.

Heute aber beruht ein großer Teil des sozialen Diskurses auf
einer Sinnverschiebung genau dieses Umstandes. Denn man
spricht von den Geschlechtsunterschieden nurmehr in Begriffen wie »mehr« oder »weniger«, und um die wahrhaft unerträgliche Ungleichheit zu bekämpfen, wird dann erklärt, man
solle die Unterschiede abschaffen. Daher der Gedanke, Frauen
sollten es so machen wie die Männer. Dabei wäre es notwendig, den Wert dessen, was die Frauen tun und in der Lage sein
müssen zu tun, ebenso hoch anzusetzen wie den Wert dessen,

was die Männer tun. Der Unterschied der Geschlechter ist eine Bereicherung.

Ein Modell, von dem man meint, es soll dauerhaft sein, wird quantitativ bestimmt, obwohl es doch historisch entstanden und damit vorübergehend ist. Der Unterschied der Geschlechter kann natürlich in spürbar verschiedenen sozialen Rollen zum Ausdruck kommen. Aber wenn ein Mann das, was in ihm an Weiblichkeit steckt, in seine Persönlichkeit einbezieht, wird er deswegen nicht zur Frau und das erkennen Kinder beispielsweise ganz genau.

2. Kapitel

Was ist aus der Zukunft geworden?

Philippe Jeammet: Die Familie lebt weiter, selbst wenn sie schlecht funktioniert, selbst wenn sie auseinander bricht. Genauso ist es bei dem, was Gesellschaften tradieren. Dennoch begegne ich mehr und mehr völlig verunsicherten Erwachsenen, Eltern, die sich fragen, ob sie ihren Kindern überhaupt noch etwas überliefern und mitgeben können. Kann ein Historiker uns helfen zu verstehen, was da vor sich geht?

Marc Ferro: Wie Sie wissen, verstehe ich unter einem Historiker nicht jemanden, der nur über die Vergangenheit redet. Er bedient sich dessen, was er über sie weiß, um von der Gegenwart zu sprechen, um zu verstehen, was heute geschieht. Ich versuche, das Gebiet abzustecken, auf dem unsere gemeinsame Frage angesiedelt ist.

Zunächst muss man sich in Erinnerung rufen, dass vor nicht allzu langer Zeit neun Zehntel unserer Bevölkerung das wurden, was schon ihre Eltern waren: Söhne von Bäckern wurden Bäcker, Söhne von Notaren Notare. Es waren damals nicht allzu viele, die sich die Frage stellten, was ihre Kinder beruflich werden sollten: die kleine Minderheit jener, die hofften, ihre Kinder würden durch sozialen Aufstieg ein besseres Leben haben, und diejenigen, die es schon zu etwas gebracht hatten und davon ausgingen, dass ihre Nachkommen keinen sozialen Abstieg erleiden würden. Nach der Schule mussten sich ihre

Kinder zum Beispiel zwischen der Militärakademie oder der philosophischen Fakultät, zwischen dem Arzt- oder Ingenieurberuf entscheiden. Diese Sorge um die Zukunft betraf bis vor kurzem auch eigentlich nur die Jungen. Bis auf wenige Ausnahmen waren diese jungen Leute ebenso wie ihre Väter »gut situiert«. In ihrem Milieu wurden Traditionen so selbstverständlich weitergegeben, dass einer unserer Freunde, wie er es ausdrückt, aus rein genetischen Gründen die Ingenieurhochschule besucht hat. Hier haben sich die Dinge bis heute nicht grundlegend geändert. Man lässt seine Kinder weiterhin studieren und versucht, sie auf den besten Universitäten unterzubringen. Die Zukunft der Kinder bleibt eine Hauptsorge und, selbst wenn diese Sorge größer geworden ist, besondere Ängste ruft sie nicht hervor. Es sei denn, die Kinder stellten, wenn sie in die Pubertät kommen, alles infrage, ähnlich wie die Generation von 1968.

Aber in anderer Hinsicht hat sich wirklich etwas verändert. So gibt es einfach viele Berufe von früher nicht mehr oder sie sind vom Aussterben bedroht; und es gilt heute als völlig normal, dass sich der Sohn (oder die Tochter) für einen anderen Beruf als den des Vaters entscheidet. Insofern ist die Frage nach der Zukunft der Kinder für die Eltern dann doch von großer Brisanz.

KRISE ODER VERÄNDERUNG?

MARC FERRO: Die sozialen Gruppen haben sich aufgelöst, sodass Lebenssituationen nicht mehr einfach vererbt werden können. Viele Handwerksberufe existieren nicht mehr, kleine Händler sind bedroht. Auch die Zahl der Arbeiter und Bauern, die beide in besonderem Maß soziale Klassen repräsentierten, ist erheblich zurückgegangen. Dies ist freilich kein neues Phänomen. Es hat sich anderswo bereits vollzogen. So wurde in der Sowjetunion technischer Fortschritt als Motor der Geschichte angesehen, das Regime war der Meinung, dass die Bauern verschwinden mussten: Die Industrialisierung und die Verfolgungen haben dazu beigetragen, die Klasse zu eliminieren, die der Modernisierung im Wege stand ... In England verschwand das Bauerntum im 19. Jahrhundert durch die industrielle Revolution. In Frankreich hat die Veränderung in den Fünfzigerjahren begonnen. Heute können in Westeuropa fast alle sagen, dass ihre Kinder etwas anderes tun werden als sie selbst.

Wenn soziale Gruppen verschwinden, entstehen neue. In den letzten Jahrzehnten haben sich die Angestellten zu einer starken gesellschaftlichen Gruppe entwickelt. Wir haben auch die Entstehung ganz neuer Berufszweige miterlebt, wie den der Informatiker. Morgen wird es weitere geben.

Man darf jedoch eine wichtige Sache nicht vergessen: Die alten Berufe verkörperten den Zusammenhalt einer Gruppe und ihre Werte. Diese sind nicht gänzlich verschwunden, haben aber nicht mehr denselben Rang. Welchen Sinn für die Werte seines Vaters kann der Sohn eines Bäckers noch haben, wenn er Rundfunkredakteur oder Fußballer wird? Durch Handwerke wurden Werte vermittelt mit Festen, Ritualen, bestimmten Lebensformen, Sinn für solide Arbeit, bestimmten Erfahrungen und Fertigkeiten. Mit der fortschreitenden Auflösung dieser sozialen Gruppen verschwanden ein Wertesystem und eine bestimmte Moral.

PHILIPPE JEAMMET: Die den Beruf ausübten und zu der Gruppe gehörten, wurden für das, was sie taten, anerkannt, zumal diese Berufe immer weiter»vererbt« werden konnten. Nicht weiterzumachen wurde mitunter sogar als Verrat angesehen.

MARC FERRO: Das kann ich bezeugen! Als ich mit zehn Jahren meiner Familie, in der die meisten Handwerker waren, erklärte, dass ich Geschichtslehrer werden wollte, beklagten sich Onkels und Tanten im Chor bei meiner Mutter: »Marco will nicht arbeiten!« Für sie bedeutete Arbeiten manuelle Arbeit – als Kunstschreiner, Tapezierer oder Schneider. Meine Entscheidung bedeutete Zerstörung ihrer Werte. Das Wort »Zerstörung« ist gewiss zu stark. Nicht alle Werte, die mit der Ausübung eines Berufs einhergingen, sind verschwunden, aber sie haben nicht mehr denselben Rang.

PHILIPPE JEAMMET: Sie haben in gewisser Weise das Erbe verweigert.

MARC FERRO: Ja, aber heute verweigern die neuen sozialen Gruppierungen, von denen wir sprachen, kein Erbe – sie haben gar keines. Sie haben keine Erinnerung und sie sind nach einem grundlegenden Umbruch auf die Welt gekommen.
Ich verwende das Wort »Umbruch« gern. In unserer Gesellschaft hat sich der Begriff des Fortschritts seit zweihundert Jahren fest eingebürgert. Fortschritt konnte bedeuten, auf der sozialen Leiter höher zu kommen: Ein Handwerkersohn wurde zum Beispiel Arzt. Oder man baute das Familienunternehmen aus, wurde reich, lebte besser. Seit mehr als einem Jahrzehnt aber findet kontinuierlicher Fortschritt nicht mehr statt. Man kann das als Krise bezeichnen, in Wahrheit handelt es sich aber um eine Wandlung: Ganze Produktionsbereiche verschwinden, und die Arbeitslosigkeit führt, wenn sie lange anhält, bei vielen zu einem Absinken des Lebensniveaus. Außerdem wird die soziale Gesetzgebung nicht weiterentwickelt, dabei glaubte man doch früher, dass der Versorgungsstaat keine Grenzen kenne und immer mehr ausgebaut werde.
Die Veränderung vollzog sich in mehreren Phasen. Bis zur Französischen Revolution waren die Herkunft, »das Blut« und

die Zugehörigkeit zur Geistlichkeit ausschlaggebend dafür, Macht zu besitzen, so wie es in manchen Ländern noch bis heute ist. Seit dem 19. Jahrhundert aber liegt die Macht in den Händen derer, die Geld oder Wissen besitzen, und man sieht es als normal an, dass jemandem, der entsprechende Kenntnisse hat – wir verstehen darunter anerkanntes Wissen oder Herrschaftswissen – die Macht gehört.

Auch die Denker wollen gern exakte Wissenschaftler sein: Besonders die Sozialisten nannten sich »wissenschaftlich«. Nach Bakunin nennt sich Kropotkin »wissenschaftlicher« Anarchist … Und der Politiker sieht sich im Namen der Vernunft bestätigt und übernimmt so die Macht. Noch heute sehen Politiker ihre Macht hauptsächlich durch Zahlen und Taschenrechner legitimiert.

Der Zusammenhang von Geld und Wissen hat unsere Gesellschaft durchdrungen. Wie immer Geld verwendet wird und welche Form Wissen auch immer annimmt – politisch oder wissenschaftlich –, diejenigen, die von einem von beiden profitieren, werden geachtet und gelten als legitimiert. Übrigens auch deshalb, weil sie zwei Jahrhunderte lang die Gesellschaft beeinflusst haben: Man verdankt ihnen die großen wissenschaftlichen und technischen Fortschritte: Impfungen, Eisenbahnbau, Entdeckung der Radioaktivität und andere Erfindungen …

Man konnte der Ansicht sein, das Leben sei nicht mehr vom Zufall oder dem Willen Gottes abhängig, sondern liege in der Hand des Menschen. Was an der Sowjetunion so verführerisch war, war die Idee einer Rationalisierung der Wirtschaft und der perfekten sozialen Fürsorge, und dies hat auch manche marktpolitischen Entwürfe in westlichen Gesellschaften beeinflusst. Die Planung war die ökonomische Form der Rationalisierung, umgesetzt durch Menschen, die das Wissen verkörperten. Lange Zeit hat man ohne Diskussion und ohne Widerspruch zugelassen, dass der soziale und politische Fortschritt

notwendigerweise mit dem in Wissenschaft und Technik zusammenhänge und ihre direkte Folge sei ...

DIE ZUKUNFT WIRD NICHT UNBEDINGT
BESSER WERDEN

PHILIPPE JEAMMET: Da der Fortschritt unsere Wünsche nicht
erfüllt hat, die Wirklichkeit nicht dem entspricht, was wir uns
vorgestellt haben, sind unsere Gewissheiten verschwunden.

MARC FERRO: In der Tat hat die Wirklichkeit in drei Bereichen
unsere lieb gewonnenen Gewissheiten zum Einsturz gebracht.
In den Fünfzigerjahren war man der Ansicht, man könne die
großen Epidemien eine nach der anderen ausrotten. Dies
scheint heute auf die Pocken zuzutreffen – seit mehreren Jahren ist kein Fall gemeldet worden –, doch die Tuberkulose
kehrt zurück, und auch die Cholera gibt es nach wie vor, ebenso wie Aids weiterhin unbesiegt ist. Man muss zu der Einsicht
kommen, dass die Natur nicht so »denkt« wie der Mensch. Sie
als Arzt wissen es: Bakterien werden nicht nur resistent, sie haben auch die Eigenschaft, sich zu regenerieren, und dagegen
ist die Wissenschaft machtlos. Nie hätte man sich vorstellen
können, dass sie sich auf solche Weise wehren: Nicht nur, dass
sie sich an Antibiotika gewöhnen, sie verteidigen sich nicht
nur, sie werden besonders aggressiv, wenn ich es so nennen
darf. Das war im Programm nicht vorgesehen.
Der politische Fortschritt musste logischerweise dem Fortschritt auf anderen Gebieten entsprechen, zum Beispiel bessere und angenehmere Lebensbedingungen. Man hat aber den

Eindruck, dass sich, je mehr Fortschritt es gibt, die Verbrechen politischer Regime ausgeweitet haben und immer raffinierter geworden sind. Dabei wirkt die Macht des Volkes mit. 1933 hat es mit 44 Prozent der Stimmen Hitler an die Herrschaft gebracht. In der Sowjetunion hat es zum Aufbau des Regimes, zur Einrichtung der Gulags beigetragen. Heute erscheint der untrennbare Zusammenhang zwischen Demokratie und Freiheit wie ein Mythos, selbst wenn Exzesse verhindert werden und die Demokratie politisch gut funktioniert. Bis in die letzten Jahre sah man in unserer Gesellschaft die Zukunft auf dem aufsteigenden Ast: Man lebte in der sicheren Hoffnung, das Morgen werde besser sein als das Heute.

Und mehrere Jahrzehnte hindurch gab es sozialen Fortschritt ja tatsächlich: Davon zeugen der englische Wohlfahrtsstaat, die Sozialgesetze in Skandinavien, die Fürsorge des Staates für die Grundbedürfnisse jedes Einzelnen in der Sowjetunion, das westdeutsche Wirtschaftswunder. Selbst die, die auf unterstem Niveau der Sozialleiter lebten, hatten die Möglichkeit, nach oben zu gelangen. Dass das Leben für alle besser werde, galt als Selbstverständlichkeit. Man hatte die Gewissheit, dass der Lebensstandard für alle in kleinen Schritten immer höher werde und die Kinder eine bessere Ausbildung erhalten würden. Als sich dieser Fortschritt nicht einstellte, warf man dies zunächst der politischen Rechten vor, die dies angeblich blockierte, oder schob den Regierungen die Schuld in die Schuhe. Das konnte doch nicht normal sein! Als Norm galt der Fortschritt, das »Immer mehr«: mehr Wohlergehen, mehr Sicherheit im Alter und für die Renten.

Heute ist Schluss damit. Es gibt sozialen Rückschritt, in manchen Gegenden der Welt sogar ungeahnten Ausmaßes, und niemand wollte so richtig daran glauben. Wir sind hart aufgeprallt in einer Wirklichkeit, auf die wir nicht vorbereitet waren. Die Gesellschaft zerbricht. Die Menschen haben das Gefühl, auf Sand gebaut zu haben. Jeder fürchtet mehr oder we-

niger bewusst, dass er in das Loch, das sich da auftut, hinein-
fallen könnte.

Man denkt nicht mehr wie früher, das Unglück könne nur anderen zustoßen. Man sagt sich: Morgen bin ich vielleicht selbst
obdachlos. Und es gibt Grund genug, dies zu fürchten. Aus aller Welt hören wir von Situationen, die sich niemand je hätte
vorstellen können. Wer hätte vor ein paar Jahren gedacht, dass
in Russland – dem Land allgemeiner sozialer Sicherheit – an
einem Tag im Jahr 1989 die Banknoten aus dem Verkehr gezogen würden? Ich war in Chabarowsk in Sibirien und habe gesehen, wie Menschen innerhalb einer Viertelstunde ihre gesamten Ersparnisse verloren. 1998 gab es eine neue Abwertung!
Wer hätte sich vorstellen können, dass in den USA Firmen wie
Pan Am in Konkurs gehen würden? Das Unvorstellbare ist geschehen.

PHILIPPE JEAMMET: Das Unvorstellbare, sind das nicht in erster Linie der Nazismus und der sowjetische Terror, nämlich
die erdachte und reflektierte, scheinbar gerechtfertigte wissenschaftlich programmierte und methodisch angewandte Planung der Zerstörung von Menschen durch andere Menschen
scheinbar im Namen der Vernunft? Dieser mit rationalen Ar-
gumenten gerechtfertigte Wahn hat die Anhängerschaft oder
eher die Mittäterschaft von Tausenden anderer Menschen
nach sich gezogen, die eigentlich in ihrer Mehrheit keine Fana-
tiker waren und die Leidenschaft und den Wahn der Anführer
nicht teilten. Hannah Arendt hat dies scharfsinnig als »Banali-
tät des Bösen« bezeichnet. Wie soll man nach solchen vom
Verstand erzeugten Monstrositäten noch an die Kraft der Vernunft und den durch Wissen erlangten Fortschritt glauben?

MARC FERRO: Die Kraft der Vernunft! Die Vertrauenskrise ihr
gegenüber ist schon viel älter. Sie stammt aus der Zeit, in der
die Kompetenz, das Wissen dank der Vernunft an die Stelle

der unschuldigen und blinden Autorität des Fürsten oder der Kirche trat, die beide oft eng miteinander verbündet waren. Königssohn zu sein bedeutete nicht, dass man kompetent war. Vom 18. Jahrhundert an aber wollte die Gesellschaft nur noch von fähigen Leuten beherrscht werden. Der göttlichen Ordnung folgte die Ordnung des Geistes. Der Glaube an die Wissenschaft wurde zur Religion. Die Zukunft der Wissenschaft und ihrer Allmacht wurde zum Dogma erhoben, ist Ursprung des wissenschaftlichen Fortschritts ebenso wie seiner Pervertierung. Man glaubte fest daran, dass sozialer und politischer Fortschritt vom Fortschritt in Technik und Wissenschaft begleitet wurde. Hier täuschte man sich. Und das 20. Jahrhundert zahlte den Preis dafür.

Heute hat die Krise, in der sich unsere Gesellschaft befindet, unsere Wahrnehmung von der Zukunft umgekehrt. Die Fortschrittsreligion hat sich, wie andere religiöse Systeme auch, aufgelöst. Einen wichtigen Beitrag spielte und spielt dabei die Umweltbewegung.

Unsere Großeltern und Eltern haben mit dem Krieg Dinge erlebt, die natürlich dramatischer waren, als was heute geschieht. Sie waren gravierender als das heutige Gefühl, auf Sand gebaut zu haben. Wer im Ersten Weltkrieg an der Front war, erlebte die Lotterie, die darüber entschied, ob jemand in den Schützengraben geschickt wurde oder nicht: Nur eine Hälfte würde es überleben, die andere würde getötet …

Aber, verzeihen Sie mir diese lakonische Ausdrucksweise: Jeder Krieg, und sei er noch so grausam, hat ein Ende. 1918 war das Land ausgeblutet, aber nicht demoralisiert. Aber angesichts der heutigen Entwicklung sind wir es: Wir können nicht erkennen, wie diese Entwicklung rückgängig gemacht werden könnte, weder für uns noch für unsere Kinder.

Wenn man sich nun die Frage nach der Weitergabe von Werten stellt, fürchten alle Eltern, dass das Leben ihrer Kinder schlechter sein könnte als ihr eigenes.

Man fürchtet dies umso mehr, als die Zahl derer, die wirkliche Erfolgschancen haben, mit der Globalisierung geringer wird. Nur wenige soziale Gruppen, manche Teile der Bevölkerung, die sich allerdings weitgehend in den Industrieländern befinden, bilden einen immer mehr geschlossenen Kreis. Die anderen sinken immer tiefer.

Diesen Bruch sehe ich weltweit, aber auch in den westlichen Gesellschaften selbst.

Als wir jung waren, gab es sozialen Abstieg so gut wie gar nicht. Man glaubte an immer rascheren Fortschritt. Man stellte sich vor, dass man am Ende des Lebens dessen Auswirkungen erkennen könne, der Fortschritt war zum Denkmodell geworden. Wenn so ein Modell zusammenbricht, ist dies das Schlimmste, was geschehen kann.

In der Zeit von 1948 bis 1974 haben die westeuropäischen Länder sich ungeheuer verändert, einen großen Aufschwung erlebt. Es war eine Zeit, in welcher der soziale Aufstieg zu einem Lebenselixier wurde. Junge Menschen vom Land kamen in die Stadt und wurden Beamte um der Sicherheit willen. Auch wer den sozialen Aufstieg nicht geschafft hatte oder der Meinung war, ihn nicht geschafft zu haben, ließ seine Kinder studieren.

Heute geht diese Tür ganz langsam zu: Ein erfolgreiches Studium ist nicht mehr wie früher eine Garantie für die Zukunft.

Die Demokratisierung der Bildung, die mit dem sozialen Fortschritt einherging und seine Dauer garantierte, hat paradoxerweise dazu beigetragen, allgemein Angst zu verbreiten.

DIE SCHULE ÖFFNET NICHT MEHR ALLE TÜREN

PHILIPPE JEAMMET: Dies ist in der Tat paradox, denn nie zuvor haben so viele Männer und noch mehr Frauen ein solches Wissensniveau erreicht.

MARC FERRO: Aber das Wissensniveau ist keine Erfolgsgarantie mehr. Nach dem Zweiten Weltkrieg fragten sich etwa zwei Prozent der Familien, nämlich die, bei denen eine höhere Schulbildung selbstverständlich war, was wohl aus ihren Kindern werden würde: Ein paar Jahre später waren es 20 Prozent, und heute stellen sich nahezu *alle* Eltern diese Frage.
Die Demokratisierung der Bildung, so ehrenwert sie ist, hat die in sie gesetzten Hoffnungen und Erfolge nicht erzielt, und man kann sich fragen, warum dabei nicht nur Millionen Abiturienten, sondern auch Tausende Arbeitsloser herausgekommen sind.

PHILIPPE JEAMMET: Was hat Ihrer Meinung nach dazu geführt?

MARC FERRO: Unter anderem, dass die Organisation des Unterrichts, auch wenn sich das eine oder andere geändert hat, noch immer weitgehend dieselben Strukturen hat wie zu der Zeit, als nur eine Minderheit das Abitur ablegte, und dass es im Namen der Freiheit weder eine Planung und nicht einmal in Ansätzen eine Vorbereitung auf die soziale Existenz und ihre Erfordernisse, auf die Entscheidungen, die sie verlangt, und ihre Entwicklung gibt.
Die höhere Schulbildung besaß eine bestimmte Funktion für eine bestimmte Gruppe: die geringe Zahl Kinder und Jugendlicher, die studieren konnten. Inzwischen hat sich diese Ziel-

setzung geändert, die Fächer jedoch wurden alle beibehalten: Deutsch, Sprachen, Mathematik … Hinzu gekommen sind lediglich immer kompliziertere Lehrmittel wie CD-ROM oder bestimmte Computerprogramme, die Lehrer kaum besser bedienen können als die Schüler, vielleicht sogar weniger gut. Und die Klientel hat sich grundlegend verändert. Aus einer kleinen homogenen Gruppe wurde eine Masse von Schülern unterschiedlicher sozialer Herkunft.

In diesem Zusammenhang ein kleiner Hinweis: Sehr oft ist die Rede davon, dass es in einer Klasse mit Kindern verschiedener Nationalitäten wie Türken, Nordafrikanern, Asiaten, Deutschen und Exjugoslawen zu Koordinierungsproblemen kommen werde. Ich sehe dies als nicht so gravierend an. Ich habe in Algerien ähnliche Klassen gehabt, und auch der Unterricht in Geschichte und Geographie lief sehr gut, nicht schlechter als der meiner Kollegen, die Physik oder Naturwissenschaften lehrten. Manche schrieben keine guten Aufsätze, aber dem konnte man abhelfen.

Ein Problem sehe ich also eher darin, dass man bei gänzlich veränderten Zielen dieselben Organisationsformen und Curricula beibehalten hat. Und was entscheidender ist: Als es viel weniger Schüler gab, stand mehr oder weniger fest, dass alle, die Abitur gemacht und studiert hatten, später eine entsprechende Stelle finden würden: als Lehrer, Arzt oder Anwalt … Ihr Studium gab ihnen die Voraussetzung, der sozialen Gruppe, der sie angehörten, entsprechend zu leben. Dies ist nicht mehr der Fall, aber trotzdem gibt es weiterhin dieselben Fächer. Dabei ist nichts für später geregelt, und weder Eltern noch junge Menschen wissen auch nur annähernd, welche Möglichkeiten sich auf dem Arbeitsmarkt bieten und bieten werden. Auch darüber müsste man die Leute informieren.

Man kann die Angst der Eltern und das Ohnmachtsgefühl der Lehrer verstehen. Letzteres ist deshalb so stark, weil sie das Gefühl haben, an Wertschätzung zu verlieren. Als ich jung war,

war man als Lehrer ein König. Die Könige aber sind anonym geworden, ziehen sich an wie die Schüler, tragen Jeans … Ich will ja nicht behaupten, dass Kleider Leute machen, aber das Aussehen war eben auch Hinweis auf ein Ideal und einen Status, mit dem sich die Jugendlichen identifizieren und den zu erreichen sie sich wünschen konnten. Lehrer haben ebenso wie verschiedene andere Gruppen, von denen weiter oben die Rede war, an Wert verloren, ein Wertverlust, der übrigens in den Sechzigerjahren begann.

DIE AUFSPALTUNG IN EINZELWISSEN

PHILIPPE JEAMMET: Die Schule wird noch zu oft als Einrichtung gesehen, in der man verschiedene, voneinander getrennte Fähigkeiten erlernt, und nicht als ein Ganzes, dessen verschiedene Elemente im Zusammenspiel miteinander die Bildung der Jugendlichen ermöglichen. Sehen auch Sie diese Aufspaltung in Fächer und Wissensbereiche?

MARC FERRO: Unbedingt. Die Vermittlung von einzelnen Wissensbereichen und die Art und Weise, wie sie in der Gesellschaft zur Geltung kommen, sind alles andere als deckungsgleich.
Die Lehrer vermitteln Kenntnisse und Wissen in einzelnen Fächern – Geschichte, Geographie, Literatur –, und diese Fächer haben dann miteinander praktisch nichts zu tun und bekämpfen einander sogar: Die größten französischen Historiker sind Montesquieu und Michelet. Aber Achtung! Man behandelt sie im Literaturunterricht und sieht sie als Literaten und nicht als

Historiker an. Wer das Fach Deutsch wählt, erfährt nie etwas über Shakespeare, und wer Englischunterricht hat, wird nichts von Goethe oder Cervantes erfahren … Mit solchen, nur auf sich selbst bezogenen Fächern wird Wissen in hermetisch verschlossenen Kästchen verteilt. Man muss die Schlösser aufbrechen … Dies muss jedoch bei denen anfangen, die den Unterricht geben, und nicht bei den Schülern, die schnell die Orientierung verlieren würden. Sonst ergeht es ihnen wie meinem achtjährigen Enkel, der Naturwissenschaft und Geschichte verwechselte: »Toll, was wir heute in Geschichte gemacht haben, wir haben den Schmetterling untersucht!« Auch an den Universitäten gibt es diese hermetische Abgeschlossenheit, hier verfährt man wie bei den Schulfächern: jedes für sich, was zu einer zu frühen Spezialisierung mit allen uns bekannten Nachteilen führt.

Nun ist die Schule bei weitem nicht der einzige Ort, an dem Wissen verbreitet wird. Die Zeitungen haben viel Gewicht, legen den Schwerpunkt jedoch auf das aktuelle Geschehen oder auf Sensationsmeldungen. Nachrichten von gestern zu bringen wäre für eine Tageszeitung nur peinlich. Hat eine Zeitung eine Rubrik Geschichte, dann veröffentlicht sie Berichte über Vergangenes auf dieser Seite und so wird keine Verbindung dieser Ereignisse mit der Gegenwart hergestellt. Die Geschichte ist in einem Ghetto eingesperrt und hat keinen Bezug zum Heute.

Das Fernsehen ist das dritte Medium, das Wissen und Informationen verbreitet. Dank zahlreicher Serien und amerikanischer Filme wissen wir eher, wie ein Gerichtsverfahren in den USA funktioniert als in Europa. Die Eroberung des amerikanischen Westen ist uns besser vertraut als die napoleonischen Kriege. Überdies sind Informationen im Fernsehen nicht nach Disziplinen, sondern nach Genres geordnet: Informationssendung, Magazin, Spielfilm, Dokumentarsendung … Wenn die Abendnachrichten von einem Ereignis berichten, das am Vortag in einem Magazin vorkam, verwendet der Moderator nur wenige Dokumente und Informationen aus dem Magazin. Jedes Genre hat seinen Bereich und schirmt sich von anderen ab. Die drei Einrichtungen für die Vermittlung von Wissen kommunizieren nicht miteinander. Die Möglichkeit der Interaktion ist damit ausgeschlossen.

Dafür hat sich ein anderer Ort der Wissensvermittlung, das Museum, in den letzten Jahren radikal gewandelt.

PHILIPPE JEAMMET: Ja, dieser Bereich hat einen enormen Aufschwung erfahren, was erfreulich ist. Allerdings wird die historische Substanz von den Museen oft in bestimmter Weise beschnitten, sie erscheint uns starr, eben »museal«.

FRAGMENTIERTES WISSEN

MARC FERRO: Ich bestreite die Nützlichkeit und die Bedeutung der Museen keineswegs. Sie vermitteln Wissen, wahren die Erinnerung, aber welchen Beitrag leisten sie zum Verständnis der heutigen Welt? Man stellt die Geschichte dar mit dem, was man zur Verfügung hat, was immer noch besser ist, als es überhaupt nicht zu tun. Doch in der Abteilung für antike Skulpturen wird nicht an das Schrifttum der Epoche erinnert, in der holländischen Malerei wird kaum Bezug zur geschichtlichen Wirklichkeit dieser Zeit hergestellt. Das Museum bereichert unser Wissen, aber es zerlegt es in Einzelteile. Es legt mehr Wert auf Sammeln und Bewahren als auf die Bedeutung und den Zusammenhang der Dinge.

Die Durchlässigkeit zwischen den einzelnen Wissensfeldern wird durch Fragmentierung des Wissens erschwert. Viele gehen rein zweckmäßig vor und beschäftigen sich nur mit dem, lernen nur das, was ihnen Nutzen bringt. Als die Wirtschaft alles zu beherrschen begann, konnten wir schon bald die Folgen sehen: ein eindimensionales Denken, das keine Alternativen mehr zulässt. So wurde ich in den Siebzigerjahren immer wieder gefragt, wozu denn Geschichte überhaupt noch gut sei? Überhaupt hat sich in den Wissenschaften das Spezialistentum in geradezu aggressiver Weise durchgesetzt. Ich habe Studenten erlebt, die für ihre Arbeiten nur die Literatur lesen wollten, die sich unmittelbar mit ihrem Thema befasste. Unmöglich, sie zu überzeugen, ihr Wissen zu erweitern. Man überließ das ihrer »kreativen Freiheit«. Zwar ist Interdisziplinarität schon seit Wilhelm von Humboldts Universitätsreform ein Leitmotiv, ich selbst habe davon allerdings nicht viel gemerkt. Selbst innerhalb meines Fachs, der Geschichte, haben die Forscher kaum Kontakt zueinander. Sie nutzen die anderen Wissensbereiche zu ihren Zwecken, aber sie bereichern ihre Kultur nicht mit ihnen. Oder es kommt zu einer Art Imperialismus bestimmter Bereiche, das heißt, ein Fach übt Kontrolle über andere aus. Dies hat es in den Sozialwissenschaften gegeben, dann in der Geschichtswissenschaft, der Wirtschaft, der Linguistik, der Anthropologie und heute in den Kognitionswissenschaften. Die Mentalitäten verändern sich und wir erleben eine Zersplitterung des Wissens in zunehmend spezialisierte Einzelbereiche.

Diese Fragmentierung hat zwangsläufig Einfluss auf unser Weltbild. Es verändert sich im Lauf der Geschichte immer, doch was im Moment geschieht, scheint relativ neu zu sein. Im 19. Jahrhundert zum Beispiel wusste man – oder sagen wir besser, man glaubte zu wissen –, wie die Welt sich zusammensetzte, wie sie funktionierte: Man gehorchte seinen Eltern, dem Pfarrer, dem König, dem Gesetz, die Dinge waren klar. Dann aber brachen Ende des 19. Jahrhunderts die Preise zusammen, eine Erfindung jagte die nächste, ganze Handwerke gingen verloren … 1900 scheint die Schwelle zur neuen Zeit zu sein. Lange Zeit glaubte man – abgesehen von Epidemien, die man als Naturkatastrophen betrachtete – zu wissen, woher Entscheidungen und Veränderungen kamen, man machte dafür den König, seine schlechten Berater, seine Minister verantwortlich … Heute hingegen, seit Ende des 19. Jahrhunderts, sind die Entscheidungsträger anonym, einmal ist es die Wall Street, dann die Asienkrise. Wir verstehen nicht mehr, wie der Planet funktioniert, und man könnte glauben, dass niemand mehr den Lauf der Geschichte beherrscht.

Wie soll der Einzelne angesichts dieser Neuordnung des Wissens eigentlich noch wissen, wo er hingehört?

Angst vor Desintegration

Philippe Jeammet: Sie sprachen vom Fernsehen als Instrument zur Verbreitung von Wissen. Man muss aber auch die Macht beweglicher Bilder berücksichtigen. Lässt sie es zu, dass wir uns wirklich aneignen, was wir sehen? Zwingt sie nicht dazu, sich um jeden Preis immer Neues auszudenken, manchmal mit einer geradezu dionysischen Aussicht auf Zerstörung? Man bekommt Sendungen zu sehen, deren einziges Interesse zu sein scheint, die Zuschauer durch Beschimpfung und Provokation zu irritieren. Japanische Zeichentrickfilme voller Gewalt erzählen nichts mehr: Hier begegnen sich Objekte, nicht einmal Menschen, die sich gegenseitig zerstören.

Das Neue ruft bei manchen Zuschauern einen Erregungszustand hervor, der nichts mit irgendeiner Geschichte zu tun hat und sie in Desorientierung treibt. Dann wirft man die vielen

Teile der Menge vor – so wie man früher Kämpfe in einer Are-
na veranstaltete –, und diese sammelt sie auf, um das Gefühl
zu haben, dass sie existiert. Das Gefühl der Zerrissenheit, des
Auseinanderbrechens, das man heute verspürt, ist eine Quelle
der Angst. Dies kann man verstehen, wenn man sich den Ent-
wicklungsprozess des Menschen vor Augen hält. Wir wissen,
dass er sich die Dinge aneignet, indem er Einzelteile integriert,
etwa bei der Koordinierung von Bewegungen, beim Denken in
Zusammenhängen. Die Entwicklung der Persönlichkeit vollzieht sich in der zunehmenden Beherrschung der Motorik, der
Sprache, der Gefühle. So funktioniert alles Lernen. Dies ist die
beruhigende Seite jeglicher Beherrschung. Ich komme darauf
zurück, denn diese Suche nach Beherrschung der Dinge und
die Angst oder Depression wegen all dessen, das uns fürchten
lässt, diese Beherrschung zu verlieren, sind für die heutige Auffassung von Überlieferung von zentraler Bedeutung. Eine
Welt, in der Zusammenhänge und Wissen auseinander geris-
sen werden, erzeugt Angst vor Regression, vor Verlust des Erworbenen, vor Desintegration.
Ständige Suche nach Neuem, Erwartung von Kompetenz, Er-
folgszwang … Mir scheint, dass man von Jugendlichen heute
sehr früh alle möglichen Leistungen verlangt, ihnen aber
gleichzeitig nichts mehr verbietet und scheinbar nichts mehr
verbaut. Wenn ein Jugendlicher keine sexuellen Beziehungen
zustande bringt, dann nicht, weil Verbote auf ihm lasten; findet er keine Arbeit, liegt es nicht daran, dass er nichts weiß –
schließlich hat er meist länger die Schule besucht als seine Eltern; verdient er kein Geld, dann nicht etwa, weil die »Alten«
an der Macht sind, denn überall sieht er ja die Bilder von schö-
nen und reichen jungen Menschen. Somit ist er, und zwar er
ganz allein, infrage gestellt.
Die unausgesprochene und manchmal ausgesprochene Parole,
die unsere Gesellschaft diesen Jugendlichen mitgibt, lautet:
»Tu, was du willst, aber sei erfolgreich!« Diese drängende Auf-

forderung konfrontiert sie zum einen mit der Ambivalenz ihrer eigenen Gefühle – wenn ich tun kann, was ich will, weiß ich nicht mehr, was ich will, oder ich will Dinge, die einander widersprechen –, zum anderen mit dem Zweifel an ihren Fähigkeiten. Man kann verstehen, dass sie, aus Angst, den hohen Ansprüchen nicht gerecht zu werden, wegen mangelnder Selbstbestätigung, fehlender Energie und Unterstützung zu anderen Mitteln greifen, die ihnen Erregung und Ablenkung bieten: zu Drogen, Alkohol oder auch einfach nur zu Zigaretten und allem, womit man die Sinne stimulieren kann.

Es gibt keine gesicherten Anhaltspunkte mehr, die für alle gelten, und jeder muss sein Wertesystem finden, mit dem er die Dinge von sich aus richtig einschätzen kann. Darüber, dass traditionelle Werte immer mehr an Bedeutung verlieren, kann man in Panik geraten, auch eine gewisse Leere verspüren, und dies erklärt, warum viele so heftig auf der Suche nach einem Bild von sich selbst sind. Dies sieht man – beinahe karikaturenhaft – bei Kindern in der Pubertät, die sich an ein Ideal ihres Körpers klammern, besonders Mädchen, aber auch in dem heutigen Bedürfnis, sich im Fernsehen zu sehen, um zu fühlen, dass man existiert. Sogar mit den größten Dummheiten: So freuen sich junge Gewalttäter, wenn sie in den Nachrichten vorkommen, und man kann sich schon fragen, ob sie die Autos in ihrem Viertel nicht deshalb in Brand gesteckt haben. Gesehen zu werden scheint heute unerlässlich, um den Menschen seiner Existenz zu versichern, und wenn er sich nicht sieht, gerät seine Identität ins Wanken.

MARC FERRO: Noch ein Wort, dessen genaue Bedeutung ich gern wüsste: Suche nach Identität, Identitätsproblem. Was ist Identität für Psychologen?

PHILIPPE JEAMMET: Es ist das Gefühl von Kontinuität, das bewirkt, dass man sich seiner Einheitlichkeit in Raum und Zeit sicher ist und zugleich weiß, dass man einzigartig ist und anders als die anderen. Dieses Gefühl ist Ergebnis eines schwierigen Prozesses, bei dem die ersten Interaktionen zwischen dem Kind und seiner Umgebung – besonders mit der Mutter – eine wichtige Rolle spielen. Das Kind bedarf zugleich der Unterstützung durch den Blick der anderen und den Blick, den es auf sich selbst richtet, gerade weil seine Grundlagen noch nicht sehr stabil sind. Was bekräftigt heute unsere Identität? Die Gesellschaft? Sie ist, da sich die traditionellen Werte aufgelöst haben, selbst auf der Suche nach ihrem Bild. Und dies zu finden ist umso schwieriger, als alles so veränderlich ist, so schnell wieder verschwindet. Das ist schwer zu ertragen.

Sie haben darauf hingewiesen, dass viele Werte nicht mehr über die Berufe weitergegeben werden. Wir haben über die Aufsplitterung des Wissens nachgedacht ... Gewiss gibt es viele Vorteile im Vergleich zu früher: mehr Freiheit, weniger Zwang durch Rituale – aber im Grunde kann man nicht auf ein Wertesystem verzichten, da mit seiner Hilfe jeder seinen eigenen Wert ermitteln kann.

Im Fernsehen aufzutreten verleiht einen gewissen Bekanntheitsgrad, der einen Wert an sich darstellte. Man denke nur an das Karaoke. Man tut, als sei man ein Star, eine Persönlichkeit von Rang, ohne dass man wirklich daran glaubt, aber dadurch findet man – zumindest vorübergehend – einen Spiegel, der einen seiner Existenz versichert. Diese wenig stabile Rückversicherung jedoch ist nur rein äußerlich und ungewiss und kann nicht von Dauer sein wie moralische Werte und traditionelle Überzeugungen.

Man findet diese Faszination in jedem Milieu. Auch Sie haben es sicher schon beobachtet: Es gibt an den Universitäten heute eine Unzahl von Treffen, Kongressen, Kolloquien, auf denen gearbeitet wird, auf denen man sich aber auch des Bildes seiner selbst versichert, indem man nach Bestätigung sucht, teils auf ganz natürliche, teils aber schon in geradezu suchtartiger

Weise. Es scheint, dass wir alle verzweifelt auf der Suche nach unserer Identität sind.

Zerbrochene Spiegel

Philippe Jeammet: Das Mobiltelefon hat Auswirkungen, die weitaus bedeutender sind als sein praktischer Nutzen. Es zeigt, wie wichtig jemand ist. Bei seiner Einführung sind sogar Attrappen verkauft worden und vielleicht geschieht das noch heute. Dahinter verbirgt sich die Einstellung, man sei dermaßen wichtig, dass man überall erreichbar sein müsse. Und man schützt sich vor dem Gefühl der Leere und Unzulänglichkeit, indem man jeden Augenblick die Menschen erreichen kann, die einem wichtig sind, diejenigen, für die man zählt. Schluss mit der Einsamkeit! Der übermäßige Gebrauch des Mobiltelefons übernimmt, wenn jemand unsicher ist, eine Ersatzfunktion. Die Suche nach dem Bild seiner selbst im Blick des anderen wird wichtiger als echte Begegnungen, die einen mit dem anderen konfrontieren und verunsichern könnten. Eine ähnliche Rolle spielen Telefonsex und erotische Internetseiten. Man spricht mit sich selbst, konkretisiert gewissermaßen das Phantasma sexueller Begegnungen, steht aber letztlich nur Bildern gegenüber, die man in sich selbst trägt, imaginären Personen, die man aufgrund von Kindheitserfahrungen selbst entwirft. Der Gesprächspartner hat keine eigene Konsistenz, sondern ist nur ein Double des eigenen Ich, das freilich für den inneren Dialog den Vorteil bietet, durch eine Stimme oder eine geschriebene Botschaft konkret zu sein. Dies ist nicht mehr weit weg von jemandem, der Halluzinationen hat und mit Stimmen oder Visionen redet.

Wer so mit dem Internet umgeht, hält sich wie in einer Art
Traum die Quelle sexueller Erregung auf Distanz, eine echte
Begegnung könnte ja sein Unvermögen, sein Versagen, sein
Anderssein aufdecken. Die Verwendung anderer als Double
des eigenen Ich kann auch dazu dienen, auf sie abzuschieben,
was man an sich nicht anerkennen will, eine Art Mülleimer-
funktion also. Man wirft alles hinein, was man bei sich selbst
nicht sehen will.

Da gibt es nicht mehr jene Empathie, jenes Minimum an Identifikation, das uns befähigt, im anderen einen sich selbst Ähnlichen zu erblicken. Dabei geht es im Sozialleben ja gerade darum, den anderen zugleich als anders und als ähnlich wahrzunehmen. Man identifiziert sich mit ihm, zugleich jedoch akzeptiert man, dass er keine genaue Kopie von einem selbst ist,
andere Gedanken hat und anders funktioniert. Beachtet man
dies nicht, kann man auf gefährliche Abwege geraten, bei denen man den anderen nicht mehr als sich selbst ähnlich, sondern als radikal anders sieht, als böse, als Verfolger (vor allem,
wenn man auf ihn projiziert, was man an sich selbst nicht anerkennen will), vielleicht auch als Lustobjekt, das ich jedoch
leugnen und zerstören muss, außer ich versuche, mich seiner
zu bemächtigen wie eines gefügigen Gegenstands. Eben diese
Problematik findet sich bei Suchtverhalten, bei Abhängigkeit
von Drogen.

Wenn man keinen Spiegel hat, kann es zu Depressionen und
Aggressivität kommen. Man sieht das zum Beispiel bei Mut-
proben zur Aufnahme in akademische Vereinigungen, wo die
Älteren gegenüber den neuen Mitgliedern Gewalt ausüben.
Hatten sie früher noch das Gefühl, durch Mitgliedschaft in der
Gruppe zu einer Elite zu gehören, so haben sie heute durch die
Banalisierung ihrer Studien weniger Selbstsicherheit, erleben
die Auflösung ihrer durch Zugehörigkeit zu einer Gruppe ent-
stehenden Identität und versuchen durch Demütigung der
Jüngeren, ihre eigene Demütigung wettzumachen. Zwischen

Tragik und Lächerlichkeit finden sie in der Gewalt einen Halt, denn sie haben das Gefühl, selbst zu leben, wenn sie andere spüren lassen, was sie ertragen haben oder fürchten, ertragen zu müssen. Ähnliches gilt für ganz normale »Gangs«, Beispiele in der Geschichte und leider auch in der Gegenwart gibt es genug. Auch der Rassismus findet ja bei Menschen, die sich gedemütigt fühlen, einen fruchtbaren Nährboden. Um sich ein Bild von sich selbst zu bewahren, mit dem sie weiterleben können, müssen sie sich ein Gegenüber schaffen, das weniger wert ist als sie. Sie kämpfen gegen ein abgewertetes Bild ihrer selbst und versuchen, sich größer zu machen, indem sie andere erniedrigen. Erinnern wir uns, dass die Demütigung Deutschlands 1918 den Aufstieg des Nationalsozialismus befördert hat. Man suchte nach einem Sündenbock und wies dabei das, was man als demütigend empfand, weit von sich.

MARC FERRO: Der Fall der Deutschen ist beispielhaft. 1914 waren sie die am weitesten entwickelte, am besten organisierte, die sozial gerechteste Nation. Da man während des Krieges nicht in ihr Land eingedrungen war, glaubten sie 1918, sie hätten den Krieg nicht verloren. Als sie dann von der Niederlage erfuhren, konnten sie sich das nur mit Verrat erklären, denn sie sahen die Sieger als »unterlegen« … nur die Engländer nicht. Welcher tiefe Fall, was für ein Zorn! Wenn man in der Geschichte erlebt, wie sich Herrschaft und Überlegenheit in ihr Gegenteil verkehren, sind die Ressentiments umso größer. Südafrika ist ein einzigartiges Beispiel einer friedlichen Veränderung, seit langem der einzige Fall, der optimistisch stimmt … doch für wie lange?
Um auf die Deutschen zurückzukommen, die Gewalt der NS-Zeit hat ihren Ursprung sicher in starken Ressentiments, doch die Grausamkeit, die sie bewiesen haben, rührt vermutlich nicht nur von den durch die Niederlage ausgelösten Ressentiments her und noch weniger von einer »deutschen Natur«.

Der Erste Weltkrieg hat zu einer Verrohung aller Europäer geführt. 1918 waren sie weit grausamer als 1914. Man hat oft
Mitleid mit den Opfern dieses Krieges gezeigt und dabei vergessen, dass Deutsche und Franzosen gleichermaßen schuld
an Massakern waren. Von 1939 bis 1945 haben wir erneut eine
solche besonders große Grausamkeit erlebt, legitimiert von
den Nazis, praktiziert von den Stärksten, sowohl im Westen als
auch auf dem Balkan oder in Russland. Die Völker erinnern
sich immer gern daran, dass sie Opfer waren, vergessen aber,
dass sie auch Henker gewesen sind.

3. Kapitel

Welche Vorbilder gibt es?

Philippe Jeammet: Ich habe den Eindruck, dass ein Aspekt der heutigen Krise die verzweifelte Suche nach einem Spiegel ist, in dem man sich betrachten kann. Man weiß nicht mehr genau, woran man seinen Wert erkennen soll – am Geld? Am Erfolg? An der Nation? An der Sprache?

Marc Ferro: Geld war sicherlich schon immer ein Mittel, um Anerkennung zu erlangen. Ist es das noch? Man kann nicht sagen, Geld spiele keine Rolle mehr, es zählt sogar sehr, nur anders als früher.

Denn das Geld hat nicht mehr dieselbe Funktion wie in der Vergangenheit. So spielte das Geld der Bürger in der Monarchie eine große Rolle, weil sie damit einen Adelstitel erwerben konnten. Und im 19. Jahrhundert konnten sie mit ihrem Wohlstand prahlen. Seit sich aber das Lebensniveau insgesamt verändert hat und sich Sitten und Existenzformen immer mehr angeglichen haben, kann man sich von anderen nur noch durch eine außergewöhnliche Lebensweise unterscheiden. Am Geld jedenfalls lassen sich Unterschiede nicht mehr so deutlich erkennen wie früher. Für die Ärmeren ist es zwar immer noch wichtigstes Kriterium, denn der soziale Aufstieg ist ja maßgeblich ökonomisch bestimmt, und wer fragt sich da nicht: Wie finanziere ich ein Haus, Urlaubsreisen, andere Ausgaben?

Aber viele beunruhigt eher der Gedanke, ob ihre Kinder einmal haben werden, was sie selbst zu erreichen hofften und manchmal auch erreicht haben.

PHILIPPE JEAMMET: Geld hat immer nur den Wert, den eine soziale Gruppe ihm zugesteht.

MARC FERRO: Folgender Vergleich macht dies deutlich: Woran erkennt man einen guten Arzt? Für einen Amerikaner erkennt man ihn daran, dass er viel verdient, für einen Deutschen am größten Fachwissen, für einen Engländer daran, dass er die Königin richtig behandelt.

PHILIPPE JEAMMET: Jede Gesellschaft hat ihre Spiegel. Geld ist auch das, was man verdient hat. Es wird ein Teil von uns, den wir weitergeben können. Da man sich heute nicht mehr sicher sein kann, sein ganzes Leben ohne Unterbrechung zu arbeiten und zu verdienen, tritt dieses Gefühl von Unsicherheit hinzu, die Angst, dass man selbst und die Nachkommen eines Tages Not leiden muss. Dieses Gefühl verstärkt das Unbehagen, die »Identitätskrise«, die wir heute erleben.
Es hat jedoch eine Gesellschaftsform gegeben, in der das Geld im Prinzip den Wert hatte, das man ihm zusprach. Wie sah es aus in der »geldlosen« Sowjetunion?

MARC FERRO: Bauern, Arbeiter, einfache Leute, die vor der Revolution im Vergleich zum Adel, zu den Würdenträgern, der Bürokratie nichts waren, wurden plötzlich zu Helden gemacht. Sie kamen im Film vor, erhielten Medaillen und kamen zu symbolischem Ruhm, wie sie ihn in keinem anderen Land der Welt hätten erlangen können. Anderswo wäre es undenkbar gewesen, dass eine Regierung einen Bauern auswählt, ihm einen Orden verleiht, einen Film über ihn dreht und ihn zum Helden erklärt. Auch bei uns gab und gibt es Orden und Eh-

rentitel für besondere Verdienste und Loyalität gegenüber
dem Staat, die dem Empfänger einen bestimmten Wert zuer-
kennen. Doch geschieht es innerhalb eines geschlossenen Systems … Im Übrigen ist heute jemand, der einen Orden erhält,
weniger angesehen als einer, der ins Fernsehen eingeladen
wird.

Was hauptsächlich zählt, ist bekannt zu werden, ins Fernsehen
zu kommen, in der Zeitung zu schreiben. Sie hatten mit Ihrem
Hinweis Recht: Was zählt, ist, gesehen zu werden, berühmt zu
sein, das Verlangen, mit allen Mitteln nach Außen hin zu existieren, selbst wenn es keinen Pfennig einbringt. Denjenigen,
die zur Führungsschicht gehören, Ärzten, Anwälten, Notaren,
Professoren, Künstlern, etwa zehn bis fünfzehn Prozent der
Bevölkerung, bleibt als wichtigstes Erfolgskriterium, bekannt
zu sein.

Doch selbst für diejenigen, die nicht zu dieser Welt gehören,
spielt Berühmtheit eine Rolle, was erklärt, warum so viele unbedingt im Fernsehen bei einer Talkshow, einer Spielesendung
oder bei Reality-TV-Sendungen wie *Big Brother* mitwirken
wollen.

SUCHE NACH ZUGEHÖRIGKEIT

PHILIPPE JEAMMET: Zu einer Menschheit von mehreren Mil-
liarden zu gehören, kann erheblich zur Auflösung von Identität beitragen. Mit der Globalisierung verlieren die Nationen
ihre identitätsstiftende Kraft. Die Vorstellung, Bürger des ganzen Erdballs zu sein, ist ziemlich abstrakt. Wie kann man eine
neue Zugehörigkeit finden?

MARC FERRO: Bedauerlicherweise im Nationalismus, auch im
Regionalismus, vielleicht sogar im eigenen Wohnviertel?

PHILIPPE JEAMMET: Das Bedürfnis, sich mit dem Mut der Verzweiflung wieder auf seine Heimat zu besinnen und jeden Kie-
sel dort für wichtig zu halten, kann zu schlimmen Konfronta-
tionen führen, die nicht nur überflüssig, sondern manchmal
auch gewalttätig sind, von außen jedoch kaum gesteuert werden können. Könnte die Globalisierung mit ihrer Kehrseite,
dem Zerfall in viele kleine Gruppierungen, also die abwegige
Wirkung erzielen, dass bürgerliche Tugenden und die Zugehörigkeit zu einer Nation infrage gestellt werden? Citoyen zu sein
und zu einer Nation zu gehören hat früher viele regionale und
berufliche Unterschiede überwunden. Auch hier findet man
die Angst vor Regression, vor Verlust dessen, was man mühsam und gerade eben erst erworben hat. Die Dinge verlaufen
so, als erreiche man bald ein Stadium, in dem der Einzelne
nicht mehr mithalten kann. Man braucht sich ja nur anzusehen, wie schwierig es schon mit Europa ist …

MARC FERRO: In den USA findet der Einzelne seine Identität
in diversen »communities«.

PHILIPPE JEAMMET: Und für Europa stellt sich die Frage: Soll
es sich zu kleineren Gemeinschaften entwickeln, zwischen denen Gräben liegen, oder eine europäische Nation aufbauen,
mit der man solche Gräben überwinden kann? Gibt es ein
Mindestniveau an Organisation, das man nicht überschreiten
sollte, weil es sonst zu regressiven Entwicklungen kommt, da
die Identität sonst angetastet wird?

MARC FERRO: Abgrenzungen zwischen Gemeinschaften hat es
gegeben, ohne dass es zu allzu gewaltsamen Konflikten gekommen wäre. Denken Sie an das Osmanische Reich, in dem die

Städte der Griechen, der Armenier, der Juden und Albaner, der Türken, Araber und Tscherkessen nebeneinander existierten. Geht man weiter in der Geschichte zurück, stellt man fest, dass in Ägypten, im Türkischen Reich, am Vorabend der europäischen Eroberungen zwischen 1821 und 1885, Khartum im Sudan vierundzwanzig Gouverneure hatte, darunter nur fünf türkische, einen albanischen, acht tscherkessische, zwei kurdische, zwei griechische und sogar einen englischen, den späteren Gordon Pascha. Im Zentrum jedoch waren die Türken am stärksten, was aber nicht verhindert hat, dass Griechen, Armenier etc. rebellierten und ihre Unabhängigkeit forderten, weil sie Untertanen einer dominierenden Gemeinschaft geblieben waren.

Die Rückkehr zu einer aus verschiedenen Teilen bestehenden Gemeinschaft ist daher nicht unbedingt eine Lösung, die Zukunft hat.

PHILIPPE JEAMMET: Der Wunsch, irgendwo hinzugehören, kann zu einem Zerwürfnis führen, zu einem Zerfall in Clans und kleine Gruppen.

MARC FERRO: Der Soziologe Maffesoli spricht in diesem Zusammenhang von Tribalisierung.

PHILIPPE JEAMMET: Ein wichtiges Element für die Identität einer Gruppe ist ja auch ihre Sprache, die »Muttersprache«.

MARC FERRO: Sicherlich. Und obwohl mehrere Sprachen Europas nacheinander ihre Führungsrolle verloren haben, blieben sie dennoch Teil der Identität derer, die sie sprechen. Wenn diesbezüglich überhaupt eine Gefahr besteht, dann die, dass mit dem Verlust der eigenen Sprache auch ein Teil dieser Identität verloren geht.

WISSEN UND WERTE

PHILIPPE JEAMMET: Nie haben in unseren Ländern so viele Menschen ein solches Niveau an Bewusstsein und Reflexion über sich selbst und die Welt gehabt. Dies kommt ganz einfach daher, dass fast die gesamte Bevölkerung Zugang zur höheren Schulbildung hat – auch wenn es dabei riesige Wissenslücken gibt. Noch nie haben so viele Menschen so viele Möglichkeiten gehabt, Kritik zu üben und zu diskutieren, was durch die Medien noch verstärkt wird, besonders das Fernsehen. Oft sind Medien zwar selbst kritikwürdig, doch bieten sie Gelegenheit, dass verschiedene Werte – politische, moralische, religiöse – gegeneinander gestellt werden. Bis vor kurzem war so viel Wissen nur einer kleinen Minderheit vorbehalten, nur sie konnte es relativieren und kritisieren.

MARC FERRO: Gibt es denn noch die Möglichkeit, etwas zu kritisieren oder wirklich infrage zu stellen?

PHILIPPE JEAMMET: Durchaus, auch wenn man davon nicht immer Gebrauch macht. Man kann die Angebote der Massenkultur ablehnen; wenn es sie aber gar nicht gäbe, wäre das unendlich viel schlimmer. Ob man es will oder nicht, alle partizipieren durch satirische Sendungen oder Enthüllungen in der Presse an einer permanenten Infragestellung der Welt der Erwachsenen, der Eltern, der Lehrer und der Religion. Dies ist zwar eigentlich nichts Neues, aber jeder sieht und hört es heute, auch die Kinder. Das muss nicht bedeuten, dass bei jedem Einzelnen der Sinn für Kritik geschärft würde, aber diese tägliche Mäkelei wirkt sich unweigerlich auf uns alle aus. Manche ertragen das nicht und suchen nach anderen Gewissheiten. Man kann sich nur wundern, dass es nebeneinander eine solche Welle von Skeptizismus und ständiger Kritik gibt und gleichzeitig eine Rückkehr von Fundamentalismus, Sekten und, noch banaler, Astrologie und Glauben an Zauberkräfte.

Es ist etwas anderes, ob man im Leben dadurch Sicherheit hat, dass man mit all seinen Nachbarn eine Überzeugung teilt, oder ob man zu seinen Überzeugungen findet, nachdem man sich mit anderen Richtungen auseinander gesetzt hat. Letzteres kann zu dem Eindruck führen, dass sich gar nichts mehr hält. Man kann sagen: »Ich habe meine Werte«, aber solche Werte haben nicht dieselbe Bedeutung, als wenn sie wie selbstverständlich von einer ganzen Gemeinschaft getragen werden. Es gibt keinen Konsens mehr, vor allem nicht über die richtige Erziehung. Man kann nicht mehr sagen: »Das war doch immer so« oder »Alle machen es so, und wer es nicht tut, ist ein Lump« … Es gibt keine Regeln mehr, auf die man sich mit dem Argument »weil es eben so ist« beziehen kann.

Das Bedürfnis nach Werten bleibt

Marc Ferro: Schon mit Filmen wie *Topas* von Hitchcock gab es einen kritischen Blick auf die Gralshüter des moralischen Erbes, doch geschah dies damals auf eher parodistische Weise. In den Sechzigerjahren jedoch ist das moralische Erbe zu einem zentralen Thema geworden.

1968 war in dieser Hinsicht eine echte Revolution, zum ersten Mal hieß es von einem Politiker: »Er behauptet links zu sein, doch zu Hause benimmt er sich wie ein Konservativer.« So etwas sagte man vorher einfach nicht. Diese Art von Kritik hat auf verschiedenen Ebenen eine Haltung infrage gestellt, bei

der Reden und Handeln auseinander fallen. Deshalb verbot
man auch lange Zeit den Kindern ins Kino zu gehen, nicht
nur, weil dort die Kehrseite der Medaille gezeigt wurde, sondern auch, weil eine Gesellschaft, die ihren eigenen Moral-
diskurs nicht respektierte, angegriffen wurde.
Bestimmte Leute, die mit der Tradierung von Werten beschäftigt waren und denen man dies auch zugestand – Eltern, Lehrer, der Pfarrer, der Arzt –, befinden sich heute in einer schwierigen Lage, in der die Weitergabe ihrer Botschaft problematisch
und ungewiss ist. Seit dreißig Jahren sind, weil sich ein anderer
Diskurs herausgebildet hat, Kinder und Jugendliche besser als
vorher in der Lage festzustellen, inwieweit die Verkünder einer
Moral ihr selbst gerecht werden oder nicht. Seit einem halben
Jahrhundert werden die, die sich für Würdenträger halten,
infrage gestellt. Der Roman und das Kino üben fortwährend
Kritik an den Eliten, mit dem Erfolg, dass die Prinzipien, die
diese verkörpern sollten, entwertet worden sind.

PHILIPPE JEAMMET: Im Namen einer impliziten Moral.

MARC FERRO: Im Namen eines Moralbedürfnisses.

PHILIPPE JEAMMET: Selbst wenn es zu einem Gefühl der Abwertung führt, zu einer Demoralisierung und sichtbarem
Skeptizismus, ändert dies nichts daran, dass diese Suche eine
moralische Suche ist! Man sieht deutlich, dass dieses Bedürfnis
weiterhin besteht, dass es immer auf die eine oder andere Weise zum Ausdruck kommt.

MARC FERRO: Im Hinblick auf 1968 überrascht mich eines.
Damals wurden endgültig die drei Prinzipien Arbeit, Familie,
Vaterland entwertet. Eigentlich waren sie Grundlage der traditionellen Moral. Seine Eltern lieben und respektieren, Arbeit
haben und sie ehrenwert ausüben, sein Land lieben und vertei-

digen … all das schien plötzlich lächerlich. In den letzten Jahren allerdings haben sich die Dinge wieder etwas geändert. Meine Frau hat lange am Gymnasium unterrichtet und spielt Theater mit Kindern und Jugendlichen zwischen sieben und zwanzig, und sie hat festgestellt, dass es eine Abkehr von manchen Grundsätzen der Achtundsechziger gibt: Arbeit ist wieder zu einem Wert geworden; vom Vaterland kann man das nicht sagen, denn sobald jemand wagt zu sagen, er liebe sein Land, wird er von der linken Presse angegriffen. Auch sind die Jugendlichen weiterhin gegen das Militär. Die Familie aber, von der man glaubte, sie werde mit dem Rückgang des Einflusses der Kirche an Bedeutung verlieren, bleibt überall, wie wir gesehen haben, ein wichtiger Wert.

Können wir mit unseren Kindern reden?

MARC FERRO: Mit meiner zwanzigjährigen Enkelin und meinem Enkel könnte ich wohl kaum über die Werte Arbeit, Familie, Vaterland sprechen. Ich wüsste nicht, wie sie darauf reagieren, und möchte keine Abwehrreaktionen provozieren, die durch den Generationenunterschied bedingt sind. Wie kann man das kulturelle System der Kinder mit einbeziehen? Woher soll man es überhaupt kennen? Wir kennen die Fernsehprogramme nicht, die sie sehen, auch ihre Sprache verstehen wir nicht immer. Die Welt der Jugendlichen erscheint uns fremd. Die verschiedenen Wissensbereiche kommunizieren nicht mehr miteinander, wie aber steht es mit den Generationen? Tun sie es? Können sie es überhaupt? Wie sollen Jugendliche, die nicht dieselbe Kultur wie die Erwachsenen teilen, der

Denkweise der Erwachsenen entsprechend reagieren? Zum
Beispiel habe ich in Fragen der Sexualität den Eindruck, dass
meine Enkel mehr darüber wissen als ich: Seit der Pille ist eben
alles anders geworden.
Weitergabe von Erfahrungen ist nur dann möglich, wenn das
Wissen gleich geblieben ist und die Bezüge dieselben sind. Seit
1960 und bis 1980 ist für einen großen Teil der Schüler und
Studenten die wichtigste Kultur das Kino gewesen. Sie zitier-
ten nicht mehr Don Carlos und Antigone, sondern Cary Grant
oder Grace Kelly in diesem oder jenem Minelli-Film. Dies waren ihre Bezugspunkte, die meiner Generation waren litera-
risch und meistens an der klassischen Literatur orientiert.
Heute kann man einen Code und ein Bezugssystem erkennen,
die aus vielen Teilen zusammengesetzt sind: Werbung, Fernsehen, Comics, Pop-Music … teilweise sind mir diese Dinge
fremd. Kulturelle Ausdrucksformen ändern sich von Generation zu Generation, führen zur Autonomie der verschiedenen
Gruppen. Man versteht sich innerhalb seiner Gruppe, die anderen jedoch nicht. Die Gruppen kommunizieren nicht miteinander, es ist, als sprächen sie verschiedene Sprachen. Wenn
Sie Aristoteles und Baudelaire zitieren und ich antworte mit
Ginger Rogers oder John Caradine, dann haben wir uns spä-
testens beim dritten Versuch nichts mehr zu sagen.

Philippe Jeammet: Obwohl Sie die Veränderungen so deutlich beschreiben, würden Sie bestimmt nicht sagen, dass Ihre
Enkel Mutanten sind. Die Dinge, die wir gemeinsam miteinan-
ander teilen, sind viel entscheidender als die, welche sie radikal
anders machen könnten. Die Unterschiede beziehen sich vor
allem auf äußere Dinge und Moden, die Grundlagen des Individuums aber sind bemerkenswert konstant.
Wenn Mädchen und Jungen eine besondere Jugendkultur entwickeln, dann geht es vor allem darum, ihre Identität zu bekräftigen, die noch recht zerbrechlich ist. Es ist für sie ein Mit-

tel, zu ihren Eltern auf Distanz zu gehen, die sie immer noch um vieles bitten, mehr als man sich vorstellen kann. Die Kinder verhalten sich provokant, aber zugleich erwarten sie eine Antwort. Eine andere Sprache zu sprechen ist eine Art, sich vor Abhängigkeit zu schützen und vor der Angst, den Erwartungen der Eltern nicht gerecht zu werden. Im Grunde drücken die Jugendlichen mit ihrer Sprache das Gegenteil von dem aus, was sie eigentlich sagen wollen. Hinter Opposition, Provokation und Weigerung verbergen sich Erwartung, Wünsche und die Angst davor, die Sprache der Erwachsenen zu sprechen, ihre Eigenschaften anzunehmen, und zugleich die Angst, ihre Ungeschicklichkeit und ihre Schwierigkeiten im Umgang mit den Machtinstrumenten der Eltern zu verraten. Wenn sich jemand versteckt, tut er es in der Hoffnung, gefunden zu werden, und wenn ihn niemand sucht und niemand findet, dann ist das ein Drama, ein Drama für ein Kind, aber im Grunde für jeden Menschen. Dies hat besonders der englische Kinderarzt und Psychoanalytiker Winnicott betont.

MARC FERRO: Glauben Sie nicht, dass Eltern sich aus Vorsicht nicht trauen, ihren Kindern eine Antwort zu erteilen, manchmal auch aus Scham oder einfach nur, weil sie das Gefühl haben, bei ihren Kindern auf Kritik zu stoßen? Früher wäre ihnen so etwas doch gar nicht in den Sinn gekommen. Sie urteilten einfach über ihre Kinder und sagten ihnen, was sie zu tun und zu lassen hätten. Die Beziehung hat sich geändert. Heute fühlen sich eher die Eltern infrage gestellt, verurteilt.

PHILIPPE JEAMMET: Ja, eine solche Angst gibt es. Als wir Kinder waren, haben die Eltern und Lehrer »Bescheid gewusst«. Heute haben sie diese Position verloren, und sie werden von ihren Kindern, die Spezialisten geworden sind, ausgefragt. Es ist manchmal sogar die Rede von einer Umkehr der Generationen. So schreibt Serge Tisseron, der *Tim und Struppi* tiefen-

psychologisch untersucht hat: »Eltern, die sich heute für Informatik interessieren, müssen feststellen, dass sich ihre Kinder
damit viel schneller zurechtfinden als sie selbst. Dass eine Generation die Hilfe und Ratschläge der nächsten braucht, um
sich in einer Welt zurechtzufinden, die sich mit immer größe-
rem Tempo ändert, ist für viele sicher neu. Es ist etwas, das
Emigranten bereits vertraut ist. In deren Familien kommt es
nicht selten vor, dass die Eltern von ihren Kindern die Kenntnisse erwarten, mit denen sie sich im Einwanderungsland besser zurechtfinden können.« Ich frage mich allerdings, ob diese
Situation nicht vorübergeht. Das sagte schon Gérard Mendel
in seinem Buch zum Thema »Rebellion gegen den Vater«, und
bestimmt haben andere auch schon so gedacht, auch wenn die
Veränderungen nicht so spektakulär waren wie heute. Aber
Tisseron sagt mit Recht über die heutige Situation: »Wir sind
alle dazu verurteilt, die Emigranten der neuen Technologie zu
sein.« Die Kinder sind unsere Kinder, und wir können uns im
Wesentlichen mit ihnen identifizieren und sie auch mit uns.
Ich glaube, dass sich die grundlegenden Gegebenheiten nicht
geändert haben und auch nicht, dass das Wesentliche unserer
Person und unseres Menschseins verloren gegangen ist.

Zwischen Hoffnung und Nostalgie

Marc Ferro: Aber wie sollen wir Vorbilder für unsere Kinder
sein, wenn die Vielfalt von Modellen allenthalben als richtig
gilt? Das traditionelle Modell, auf dem sich die Gesellschaft
entwickelt hat, bricht teilweise wegen der Globalisierung und
der allgemeinen Krise zusammen und hieraus entsteht Angst.

Es stellt sich die Frage: Welches Modell sollen wir weitergeben, heute, wo die Kinder sich schon nach einem ganz anderen entwickeln? Wie soll man diesen Übergang bewerkstelligen, ohne als völlig überholt, als ewig Gestrige, als unverantwortlich dazustehen?

Die Eltern wissen nicht, was sie tun sollen, wenn sie sich dieser Probleme bewusst werden, und sind sie es nicht, bleiben sie beim überkommenen Modell, das bei den Jugendlichen nicht mehr funktioniert.

PHILIPPE JEAMMET: Dann kann man nichts weitergeben.

MARC FERRO: Doch! Ich glaube, dass die Werte der abendländischen Gesellschaft von Dauer sind und immer Anerkennung finden, aber um sie zu achten, muss man sie zurechtrücken. Nehmen wir ein Beispiel: Alle Eltern haben als Kinder gelernt, dass man nicht stehlen darf. Wie viele von ihnen aber haben vor zehn oder zwanzig Jahren die Meinung vertreten, es sei nicht schlimm, in der U-Bahn schwarzzufahren oder zu klauen. In ihren Augen (es war nach 1968) kam das Übel durch die »wahren Diebe« wie Banken, Supermärkte, Staat und Kapital. Heute scheint es mir, dass man zu den eher »klassischen« Vorstellungen zurückfindet. Man organisiert Demonstrationen, um ermäßigte Tarife zu bekommen. Dem Gesetz zu gehorchen gilt nach wie vor als moralisch richtig. Wenn es nicht gerecht erscheint, versucht man, es zu ändern. Dazu hängt es von den jeweiligen Umständen ab, ob man dieses Prinzip infrage stellt.

Man kann sagen, dass sich für einige unserer Zeitgenossen der Maßstab für Werte traditioneller Moral – zum Beispiel die Pflicht, seinem Partner beizustehen und treu zu sein – verändert hat. Die jungen Menschen wissen heute nicht mehr, was die eigentlichen Kriterien sind. Jugendliche sind, soweit ein solcher Vergleich zutreffend ist, in der Situation der ersten Europäer, die um 1900 nach New York kamen. Sie konnten sich nicht vorstellen, wie ihre Zukunft aussehen würde. Der Unterschied war nur, dass sie voller Hoffnung waren.

PHILIPPE JEAMMET: Was sagt uns, dass junge Menschen heute keine Hoffnung mehr haben? Zum ersten Mal in der Geschichte werden unsere Kinder auf eine Weise leben, die mit unserer wenig zu tun hat, genau wie ihre Arbeit wenig mit der zu tun hat, mit der wir unser Leben verbracht haben. Weil wir nicht wissen, was morgen sein wird, sind wir versucht, die Vergangenheit zu idealisieren. Als hätten sich einzelne Gruppen und Individuen auf dem Marktplatz immer aufs Beste verstanden.

Man muss sich vor Nostalgie hüten, darf sich nicht an die Vergangenheit klammern. Zum Leben auf dem Land gehörten nicht nur gemütliche Abende am Feuer, sondern auch harte Arbeit, Unsicherheit – wenn man vom Markt kam, wurde man im Wald überfallen und beraubt … In den Familien und unter Nachbarn gab es Gewalt und Hass. Die gegenseitige Beobachtung war so groß, dass sie einem die Luft zum Atmen nahm. Man vergisst leicht, dass die höchste Selbstmordquote bei Männern über fünfzig lag, die auf dem Land lebten. Das Leben in Europa war so hart, dass jahrzehntelang Familien oder ganze Dörfer – Sie haben es erwähnt – ausgewandert sind, entweder in die Stadt oder in andere Kontinente.

MARC FERRO: Das stimmt, und sie fingen ganz von vorn an. Sie waren bereit, ihr Leben zu ändern, zu improvisieren. Ihre Nachkommen haben von ihnen die Fähigkeit geerbt, sich anzupassen. Die aber, die zu Hause blieben, glaubten an sozialen Fortschritt. Und ihre Nachkommen, also wir, haben von ihnen etwas geerbt, das man zu Unrecht als erworbenen Vorteil betrachtet, nämlich das Vertrauen in den Fortschritt, der heutzutage nicht mehr funktioniert. Klar, dass man in unseren Län-

dern, in denen die Mehrheit der Bevölkerung zwischen fünf-
undvierzig und siebzig Jahren alt ist, diese Entwicklung als
schmerzlich erlebt. Es ist eine schwierige Lage entstanden.

PHILIPPE JEAMMET: Ich komme noch einmal auf das zurück,
was Sie Mutation genannt haben. Befinden wir uns nicht eher
im Zentrum einer psychosozialen Krise, in dem Sinn, dass der
Druck, den vor allem der technologische Fortschritt auf uns
ausübt, den Status quo unhaltbar macht? Manchen gelingt es,
die Öffnungen zu nutzen, andere passen sich an, andere wieder fühlen sich wie erschlagen und platt gewalzt. Wir sind
nicht mehr, was wir vorher waren. Ich sehe darin etwas, das
man mit der Krise in der Pubertät vergleichen kann.
Nostalgisch sind wir deshalb, weil wir uns davor fürchten, uns
auf Veränderungen einzulassen. Diese Angst ist deshalb so
groß, weil sie leugnet, was in der Vergangenheit schlecht und
für die Menschen quälend war. Sie bedeutet Verweigerung der
Gegenwart, Furcht vor Veränderung. Muss man heute wirklich
lamentieren und sagen: »Es gibt keinen Vater mehr, der Vater
ist tot«? Als sei der *pater familias* des 19. Jahrhunderts das ein-
zig gültige Vatermodell.

MARC FERRO: Ich beobachte wie Sie seit einigen Jahren diese
»Rückkehr zu den Wurzeln«. Überall werden Stammbäume
erstellt, die immer größer werden. Man geht mit dem Aufnah-
megerät zu Onkel Walter oder Großvater Gustav und lässt sie
aus ihrer Kindheit, vom Krieg oder ihrem Beruf erzählen.
Auch in einfachen Familien bemüht man sich um seine Vorfahren und ist stolz, dass man auf eine Tradition zurückblicken
kann.

PHILIPPE JEAMMET: Ich habe den Eindruck, dass über die notwendige Rückversicherung, von der Sie sprechen, hinaus, diese Schwärmerei ein Identitätsbedürfnis zum Ausdruck bringt,

die Notwendigkeit, in einer Gesellschaft, in der Anonymität immer größer wird, in der sich die sozialen Gruppen auflösen, seine Wurzeln zu finden. Im Gegensatz zu Ihnen glaube ich, dass es durchaus Sinn hat. Ist das Interesse an Dingen der Vergangenheit und an der Kunst nicht ein Religionsersatz? Die großen Ausstellungen mit Massen von Besucherzahlen erinnern in mancher Hinsicht an die Hochmesse von früher. Es gibt ein Bedürfnis nach Dauer, nach Verankerung. Dabei hat man sicher auch übertrieben. Doch wenn man es ständig mit vorübergehenden, sinnlosen Dingen zu tun hat, ist dies manchmal nur schwer auszuhalten. Und an diesem Punkt stimme ich mit Ihnen überein: Es fällt uns schwer, in der Gegenwart anzukommen, die sich so sehr von der Vergangenheit unterscheidet, und so ist verständlich, dass die Zukunft uns Angst macht.

MARC FERRO: Zukunft ist allerdings eine recht neue Vorstellung, die es erst seit der Aufklärung gibt.

PHILIPPE JEAMMET: Man hat sie sich auch nie vorstellen können. Unsere Vorstellungskraft ist geringer, als wir glauben. Sie wird von unseren Wünschen getragen, von der Wirklichkeit der Vergangenheit.

MARC FERRO: Vor zwanzig Jahren, als die ökonomische Entwicklung alles andere verdrängte, fragte man sich kaum nach der Vergangenheit. Alles schien so vielversprechend, dass man die Geschichte ablehnte, als langweilig und nutzlos verwarf. In Südostasien geschah das Gleiche: Wenn die Wirtschaft gut funktioniert, verliert man seine Zeit nicht mit Fragen nach Vergangenheit und Zukunft.

PHILIPPE JEAMMET: Für den Psychoanalytiker ist die Geschichte eine neue zusammengesetzte Wirklichkeit, verändert durch das, was wir erleben. Die Vergangenheit beeinflusst Gegenwart und Zukunft. Im Unbewussten gibt es keine Zeit. Das Leben jedes Einzelnen ist, ob er es hinnimmt oder sich dagegen wehrt, von dem Leben, das andere vor ihm geführt haben, bestimmt. Diese Bindung ist teilweise bekannt und bewusst, teilweise verborgen und unbewusst.

Für uns wird die Angst vor der Zukunft durch das Licht der Vergangenheit gemildert. Man sieht das, wenn man mit Jugendlichen arbeitet. Manche kommen mit der Vorstellung, »keine Zukunft« zu haben … Entspannt sich die Situation in der Familie, werden die Beziehungen zu den Eltern besser akzeptiert, stellt sich die Zukunft ganz anders dar. Sie entwickelt sich unter Einfluss dessen, was gewesen ist, und dies wiederum infolge der Bindung an die Vorfahren …

Depression?

Marc Ferro: Auch die soziale Situation spielt eine Rolle. Wie soll jemand, der seine Arbeit verliert und immer tiefer abrutscht, arbeitslos wird und an den Rand der Gesellschaft gerät, oder jemand, der fürchtet, dass es ihm passieren könnte, optimistisch in die Zukunft blicken? Wie sollen die, welche unter den geschichtlichen Ereignissen zu leiden haben – und es sind nicht wenige, wie wir gesehen haben –, sich ihre Zukunft vorstellen?

Philippe Jeammet: Sie sind depressiv. Depression ist das Fehlen von Zukunft. Man wird erdrückt, man kann seinem Schicksal nicht entkommen. Ein Depressiver ist der Meinung,

was immer er tut, sei zwecklos – auch eine Therapie –, die
Welt sei nun mal, wie sie ist, und man könne daran nichts ändern. Es kann auch sein, dass Eltern, ohne dass dies erkannt
wird, depressiv sind. Oft erzählen Lehrer uns, dass ihre Schüler, bereits die aus der sechsten Klasse, Angst vor der Zukunft
haben. Hierbei sind, wie wir wissen, die Kinder Spiegel ihrer
Eltern. Die Angst der Eltern hat nicht nur mit der Zukunft ihrer Kinder zu tun, sondern auch mit der Frage, ob sie selbst so
gut sind, wie sie glaubten, sein zu können. Sie projizieren einen Teil ihrer eigenen Lebensschwierigkeiten auf die Frage
nach der Zukunft.
Die individuellen Aspekte der Depression haben mit kollekti-
ven Aspekten zu tun. Kann man von einer Gesellschaft sagen,
das sie deprimiert ist?

MARC FERRO: Ich glaube ja. Man kann sich vorstellen, dass gegen Ende des Römischen Reiches, in den Jahrzehnten, in denen allmählich alles, was gebaut worden war, zusammenbrach,
mehrere Generationen in einer Art Verzweiflung lebten. Man
kann auch einige Ähnlichkeiten zwischen heute und jener Zeit
feststellen.
Wenn man sagt, am Ende des Römischen Reiches seien die
Barbaren gekommen, dann geht es nicht um Menschen anderer »Rassen«; denn im Römischen Reich lebten die unter-
schiedlichsten Rassen; im Übrigen standen diese Barbaren
nicht außerhalb, sondern waren Teil der kaiserlichen Armeen.
Heute betrachten manche Westeuropäer, besonders in England und Frankreich, die Menschen, die dort (nicht sonderlich
gut) aufgenommen worden sind, als Eindringlinge, dabei sind
sie Erbe der Kolonialzeit. Für manche sind Barbaren auch
jene, die hier aus Gründen leben, die sie nicht selbst zu verant-
worten haben, und sich gegen ihre Situation auflehnen und
Probleme hervorrufen könnten. Wer die ökonomische Macht
besitzt, kann durch die Globalisierung die Situation so zu ih-

rem Nachteil verändern, dass immer mehr Menschen zu »Barbaren« werden. Dies ist ein Teufelskreis, die Gewalt aber rührt
in erster Linie vom System her.
Die Völker Europas haben Zeiten der Mutlosigkeit erlebt, zum
Beispiel, als sie völlig überraschend von der Pest heimgesucht
wurden. Auch die Ureinwohner Südamerikas: Nach Kolumbus
und Cortez glaubten sie, die Weißen seien unbesiegbar, da sie,
die Indianer, an Krankheiten starben, von denen die Weißen
verschont blieben. Außerdem besaßen die Weißen Pferde und
Waffen, was sie selbst nicht kannten. Die Beziehung der india-
nischen Völker zur Außenwelt wurde tief erschüttert.

PHILIPPE JEAMMET: In solchen Situationen kommt es zu
schweren Traumatisierungen, die für die Überlebenden zu einer völligen Zerstörung ihres Vertrauens in die Welt führten,
es sei denn, sie sahen die Ereignisse im Zusammenhang mit
den Göttern und erlebten sie als Strafe, die dieses Vertrauen
wiederherstellen sollte.
Diese Beziehung – also das Vertrauen in die Welt –, auf die wir
zurückkommen werden, denn sie bestimmt in entscheiden-
dem Maß unsere Weltanschauung, entsteht psychologisch
und bezogen auf das Individuum aus der »genügend guten«
Anpassung der Außenwelt an die Bedürfnisse des Kindes, wie
Winnicott es nennt. Sie trägt dazu bei, dass in ihm ein Gefühl
der Geborgenheit entsteht; sie ermöglicht eine optimistische
Grundhaltung, den Glauben daran, dass es später genügend
Befriedigung geben wird, um gern am Leben zu sein. Dies ist
keine Frage von richtig oder falsch, sondern Einstellungssache,
genau wie bei dem Glas, das halb leer oder halb voll ist. Und
diese Einstellung hat entscheidenden Einfluss auf die Beziehung zu anderen.
Dieses Vertrauen wird jedoch durch die Traumatisierungen,
von denen wir sprachen, zerstört. Bei den Opfern, aber oft
auch bei den Henkern. Dies haben wir bei den Veteranen der

verschiedenen Kriege erlebt, die die Welt in den letzten Jahrzehnten erschüttert haben. Nachdem sie Dinge verübt haben,
die sie sich selbst niemals zugetraut hätten, können sie mit nie-
mandem mehr eine friedliche Beziehung eingehen. Ein bestimmtes Bild, das sie von sich hatten, ist zerstört und die Beziehung zu anderen und sich selbst hat sich verändert. Die seelische Traumatisierung kehrt oft in Form von Albträumen
oder Schlaflosigkeit zurück und führt zu Depressionen, Selbst-
mord oder Vergessen, zu Drogenkonsum, aber auch zu Flucht
nach vorn und immer schlimmeren Horrorerlebnissen. Zärtli-
che und hingebungsvolle Beziehungen sind unmöglich geworden, auch kommt es oft zu Impotenz. Es ist, als sei das tägliche
Glück unerträglich geworden, langweilig und ohne jeden
Schwung; als würde jede Erregung die traumatischen Erfahrungen wieder an die Oberfläche bringen und zugleich die
sehnsüchtige Erinnerung an früheres, für immer verlorenes
Glück. Dieses posttraumatische Syndrom wurde oft bei
Kriegsgefangenen oder Opfern von Geiselnahmen beschrieben.
Auch zahlreiche Söldner leiden darunter, und man kann, glaube ich, auch im ehemaligen Jugoslawien bei vielen Menschen
von derartigen Reaktionen sprechen, ganz zu schweigen von
den jungen Algeriern und Kindersoldaten, die man gezwungen hat, ihre Eltern zu töten, um zu überleben. Sie konnten es
nur mit allergrößtem Widerwillen tun und nur, indem sie sich
von dem Kind, das sie vorher waren, losrissen und so die Fähigkeit verloren, Beziehungen zu anderen einzugehen, die mit
denen vor der Traumatisierung vergleichbar sind.

DIE DÄMONEN BEIM NAMEN NENNEN

MARC FERRO: Wie kommt man aus depressiven Zuständen heraus?

PHILIPPE JEAMMET: Ich kann es nicht bezogen auf ganze Gesellschaften sagen, aber bei Individuen muss ein depressiver Zustand festgestellt und vom Betroffenen anerkannt werden, was keineswegs einfach ist. Hat man dies getan, so kann eine Depression, in dem Maß, in dem sie eine wichtige biologische Dimension hat, in manchen Fällen mit Medikamenten geheilt werden. Ich meine biologische Dimension nicht im fatalistischen Sinn, sondern verstehe sie wie Melanie Klein als psychisches Gesetz. Von der berühmten Analytikerin, die sich als eine der ersten an Kinderanalysen wagte, stammt eine meisterhafte Beschreibung der Konfrontation mit depressiven Affekten, also mit einem Gefühl der Trauer und Niedergeschlagenheit, das jeder in seiner Kindheit kennen lernt.

Für sie – und ihr Standpunkt hat mittlerweile weithin Anerkennung gefunden – vollzieht sich die seelische Entwicklung des Kindes in zwei Schritten, die sie als »schizoparanoide Position« und »depressive Position« bezeichnet. Sie folgen zeitlich aufeinander: Die schizoparanoide Position dominiert das erste Lebensjahr und nimmt dann langsam ab, während die depressive Position etwa im achten Monat, gleichzeitig mit der Angst vor Fremden, aufkommt und dann immer stärker wird. Beide Positionen durchdringen einander, existieren in einem Menschen mehr oder weniger stark nebeneinander und können bei dessen seelischen Abläufen eine mehr oder weniger große Rolle spielen, je nachdem wie seine Gefühle und seine Beziehungen beschaffen sind, was er erlebt und welche Progressio-

nen und Regressionen sein Seelenleben bestimmen. So bleibt
es das ganze Leben hindurch.

Ich werde noch auf das Seelenleben des Babys zurückkommen,
aber zum Thema Depression sage ich Folgendes: Die schizoparanoide Position entwickelt sich beim Säugling in den ersten
Monaten, wenn er noch keinen Unterschied zwischen seiner In-
nenwelt und der Außenwelt macht. Er unterscheidet bislang
nur zwischen Vergnügen und Unbehagen, zwischen gut und
böse. Das Gute verinnerlicht er und versucht das Böse nach außen abzuschieben. Die herrschenden seelischen Mechanismen
(wir nennen sie Abwehr) sind die Unterscheidung gut/böse, die
beide nichts miteinander zu tun haben, und das Paar Assimila-
tion/Projektion, wobei das Gute assimiliert, das Böse nach außen projiziert wird. Später kommen Weigerung und Idealisierung hinzu, wobei die Weigerung einen Weg darstellt, die Existenz dessen, was stört, nicht zu sehen und damit zu leugnen.

Die depressive Position stellt sich beim Baby dann ein, wenn
es feststellt, dass es von seiner Mutter getrennt ist, und anerkennen muss, dass sie Quelle von Glück und von Missbehagen
ist, also zugleich gut und böse, und dass es selbst, je nachdem
ob es gute oder böse Gedanken hatte, gelobt oder getadelt
wird. Die notwendige Integration dieser gemischten Gefühle,
Ambivalenz genannt, ruft einen ähnlichen Zustand hervor wie
später die Depression: Das Baby empfindet Trauer, weint,
schmollt, und es hat keine Anfälle von Wut und Zorn wie vorher, als es ihm nicht gelang, sein Missbehagen abzuschieben.

MARC FERRO: Dieser Ansatz ist für den Einzelnen sicher erhel-
lend, aber kann er es auch für die Gesellschaft sein?

PHILIPPE JEAMMET: Ich betone die Wichtigkeit dieser Beob-
achtungen gerade deshalb, weil sie mir geeignet scheinen, den
Zusammenhang zwischen Individualpsychologie und sozialen
Phänomenen besser zu verstehen. In der psychischen Entwick-

lung des Menschen liegt ein depressives Potenzial, ganz gleich wie groß die biologischen Anteile sind. Diesem depressiven Potenzial, das sich ein Leben lang hält, entsprechen drei Typen von Reaktionsweisen: einmal die echte Depression – direkt oder als psychosomatische Störung –, die paranoide Depression (Rückkehr zur schizoparanoiden Position: Nicht ich habe das Böse in mir, der andere ist böse) oder die Verarbeitung der depressiven Position durch Öffnung gegenüber einem Dritten, kulturelle Vermittlung oder Sublimation. Man kann der Auffassung sein, dass es einen vierten Weg gibt – er liegt auf der Hälfte der vorherigen und kombiniert in variablen Proportionen mehrere ihrer Bestandteile: der Weg in die Sucht, in die Rauschgiftabhängigkeit, bei der die Depression teilweise durch Aufnahme einer Art Hilfsbeziehung, durch Abhängigkeitsverhalten oder Abhängigkeitsprodukte gemildert wird.

Was als Leitmotiv in unseren Überlegungen immer wiederkehrt, kann uns auf den Gedanken bringen, dass die westliche Gesellschaft deprimiert ist. Diese Depression könnte man in der klassischen Psychopathologie als »narzisstisch und essenziell« bezeichnen, was bedeutet, dass sie keine besondere Ursache hat. Man kann eine Reihe von Faktoren aufzählen, um die Krankheit zu erklären, aber keiner reicht wirklich aus.

Nehmen wir als Beispiel Menschen, die unter Imageverlust leiden. Ihr Bild von sich selbst und das, was sie im Blick der anderen wahrzunehmen glauben, sind gestört. Sie fühlen sich entwertet, haben aber immer noch das ideale und manchmal sogar großartige Bild von ihrem Land, in dem sie wohnen. So wird ihr Gefühl des Scheiterns und des Wertverlusts immer stärker.

Einzelne können sich in einer solchen Lage einer Psychotherapie unterziehen, bei der sie die Dämonen und Feinde beim Namen nennen können. Sie können über Auswege und Veränderung nachdenken, um aus dem Zustand herauszukommen. Dabei geht es nicht um Flucht, sondern um Beschäftigung mit sich selbst, was etwas Positives ist. Besonders für Kinder, die

unter dem negativen Einfluss leiden können, den ihre depri-
mierten Eltern auf sie ausüben. Wie froh sind Jugendliche,
wenn ihre Eltern ihr Leben leben. Natürlich meckern sie dau-
ernd – »Was, ihr geht schon wieder aus!« –, aber das gibt ihnen
das Recht, sich mit sich selbst zu beschäftigen und nicht die
Last elterlicher Deprimiertheit ertragen zu müssen, die schwer
auf ihren jungen Schultern lastet.

MARC FERRO: Die Dämonen und den Feind beim Namen nennen: Diese Formel gilt auch für Gruppen und Völker. Leider
werden Therapien für Gesellschaften nicht immer an ihren
Grundlagen begonnen. Ich habe noch nicht von der Weltwirt-
schaftskrise von 1929 gesprochen. Sie hat eine Gesellschaft, die
gerade einen Krieg hinter sich hatte, hart getroffen, aber obwohl man von Depression sprach, war nicht die Gesellschaft
depressiv. Am Horizont zeichneten sich Lösungen ab: Das
erste kommunistische Experiment hatte begonnen, in der
UdSSR gab es 1929 keine Krise; der Nazismus – erinnern wir
uns – hat die deutsche Gesellschaft von ihrer Verzweiflung befreit. Damit will ich nicht sagen, Deutschland sei dank Hitler
aus der Depression herausgekommen, doch die Leute glaubten es. Es genügte, sich vorzustellen, dass man aus Depressionen auch wieder herauskommt, es gab ja Vorbilder. Sie waren
illusorisch, wie wir dann gesehen haben, aber es gab sie. Heute
hingegen herrscht große Verwirrung.

PHILIPPE JEAMMET: Man könnte meinen, dass die Gesellschaften weise genug sind, um einzusehen – was schon Individuen
schwer genug fällt –, dass manches Leid unvermeidlich ist.
Aber eine Gesellschaft, die an sich zweifelt, trauert nicht um
ihr Bild als große oder prosperierende Nation, sondern zieht
offenbar eine falsche Erklärung des Zusammenbruchs vor und
entscheidet sich für eine Illusion, statt die Qualität des jetzt bestehenden Modells erst einmal kritisch zu überprüfen.

4. Kapitel

Die Fallen der Lüge

Philippe Jeammet: Umbrüche erleben wir allenthalben. Aber welche Werte in einer Gesellschaft bleiben erhalten, wenn es zu einem gewaltigen Umbruch kommt? Was sagt ein Fachmann für Revolutionen zu dieser Frage?

Marc Ferro: Man hat die Erfahrungen, die andere gemacht haben, immer im Licht der eigenen bewertet, doch was anderswo geschieht, hilft uns auch, unsere eigenen Probleme besser zu erkennen. Jahrzehntelang hatten wir die Sowjetunion im Visier. Sie war ebenso wie die USA eines der großen Modelle des 20. Jahrhunderts. Ihre Geschichte hielt uns in ihrem Bann und so habe ich mich dafür interessiert.
Beginnen wir mit der Idee der Revolution. Die russische Revolution orientierte sich an einer Geschichte, mit der sich die Eliten eine Zeit lang identifiziert haben, der Geschichte der Französischen Revolution. Zuerst verlief alles wie nach diesem Modell: Nikolaus II. war Ludwig XVI., die Menschewiki wurden mit den Mitgliedern der Verfassunggebenden Versammlung, die Bolschewiki mit Robespierre verglichen. In Russland errichtete man Statuen von Babeuf, Danton und Robespierre und fragte sich schon, wer wohl Napoleon entsprechen würde. Dann kehrten die Bolschewiki alles um: Die Französische Revolution war kein Vorbild mehr, sondern ein Gegenmodell, das es zu überholen galt. Alle Verbindungen zu dem, was man

vorher selbst als Ursprung betrachtet hatte, wurden unterbrochen. Dabei hat die Sowjetunion zahlreiche Filme über die
Fehler des Zarentums, aber keinen über die Französische Revolution gedreht.

Das Spiel mit der Geschichte der Revolutionsidee war umso
einfacher, als die Eliten, die gebildeten Schichten sehr bald das
Land verließen, weil roter Terror und Bürgerkrieg sie vertrie-
ben.

So kam es zu einem zweifachen Bruch, mit dem Vorbild und
mit der Erinnerung. Dieser Bruch fand aber keineswegs auf
der ganzen Linie statt, denn ein Teil der Elite war einverstanden mit dem Revolutionsvorhaben, das das Ideal des aufge-
klärten Bürgertums des 19. Jahrhunderts verkörperte. Ärzte
träumten davon, dass das Volk endlich kostenlos behandelt
werde, Lehrer begrüßten begeistert die Schulpflicht ... Es
waren dieselben Leute, die später verfolgt wurden.

Man muss sich auch daran erinnern, dass Russland 1913 auf
vielen Gebieten europäische Avantgarde war und nicht nur in
den Künsten. Archivare und Statistiker waren die besten der
Welt. Sie blieben im Land, und das Regime profitierte von
ihrem Wissen und ihren Fertigkeiten. Im Bereich der Künste,
der Geisteswissenschaften, des Verlagswesens war es ebenso:
Der Bruch zwischen dem Zarenreich und dem neuen Regime
war nicht so radikal, wie es hieß. Es gab im revolutionären
Russland noch zahlreiches Personal, das Wissen weitergab, im
Bildungswesen tätig war, Geistesleben und Künste belebte.

Umstürze, Manipulation und Vereinnahmung der Geschichte

Philippe Jeammet: Aber die Religion?

Marc Ferro: Man redet immer von der Verfolgung der Kirche, aber am Anfang griffen die Bolschewiki die Popen nicht an. Lenin kannte die Geschichte Robespierres und hatte sich unter anderem gemerkt, dass ein Angriff auf die Religion sich in bestimmter Hinsicht gegen das Volk richtete. Aus taktischen Gründen hütete er sich also am Anfang, den Klerus anzugreifen. Das Volk aber erinnerte sich, wie sehr die Kirche die Zaren, die Bojaren, die Großgrundbesitzer unterstützt hatte und mit welcher Heftigkeit sie seit Kerenski die Revolution gebrandmarkt und die ersten Revolutionäre exkommuniziert hatte. Damit hatten die Bolschewiki den Vorwand, den sie brauchten, um die Popen zu vernichten.

In Russland wurde der Klerus nicht geliebt wie im Westen. In unseren Ländern gab es wichtige Figuren wie Franz von Assisi, Vincent de Paul, bei den Protestanten gab es Gegner der Sklaverei, Mönche wie Las Casas waren Vorbilder der Nächstenliebe und Gerechtigkeit, Christen engagierten sich, wenn auch nicht mehrheitlich, in sozialen Bewegungen.

In Russland gab es nichts Vergleichbares, hier kümmerten sich Kirchenhierarchie und Popen allein um ihren Status und waren nur selten bereit, das Volk zu schützen oder zu verteidigen.

Als dann das Regime in den zwanziger Jahren begann, Klerus und Religion zu bekämpfen, die zu verfolgen, die im Zug des historischen Fortschritts »verschwinden mussten, da auch die Religion verschwinden würde«, nahm das Volk an den Verfolgungen teil. Auch die Sekten, die zu allen Zeiten auf russi-

schem Boden prosperiert hatten, fanden Gefallen an den Maßnahmen gegen die Kirche und ihre Institutionen, an den
Schließungen von Kirchen und Moscheen. Die ersten Volks-
kommunen wurden im Übrigen oft von Sektenmitgliedern ge-
leitet, die manchmal Anarchisten waren und die Bourgeoisie
ebenso verabscheuten wie die Orthodoxe Kirche.
Religiöses Leben, bäuerlich und mystisch geprägt, hatte es
schon immer auch außerhalb der Institutionen gegeben und
so wurde der Glaube auch während der Stalinzeit tradiert. In
Russland ist es, obwohl dies oft behauptet wurde, nie zu einer
Urbanisierung gekommen. Man sollte eher von einer Rurali-
sierung der Städte sprechen: Die Leute vom Land wurden Arbeiter und mit ihnen drang dörfliche Mentalität in die Städte.
Ich habe die Lebensläufe dieser Leute verfolgt und festgestellt,
dass sie, sobald sie im Staatsapparat aufstiegen und zur neuen
Intelligenzija gehörten, mit der Religion brachen. Die Religion
war eine bäuerliche Kultur.
Als ich in den Sechzigerjahren zum ersten Mal in die Sowjetunion reiste, wollte ich wissen, wie es um die religiöse Praxis
stand. Ich besuchte Kirchen – nur wenige waren überhaupt in
Betrieb – und sah darin nur sehr alte Leute und Behinderte,
gewissermaßen soziale Randgruppen. Dreißig Jahre später
aber erfolgte ein religiöser Aufschwung sondergleichen: Alle,
auch die jungen Menschen gingen in die Kirche. »Das heilige
Russland« war wieder da, zumindest ein bestimmtes Bild von
ihm. Diese religiöse Praxis in der Öffentlichkeit, dieser neue
religiöse Konformismus brachten die totale Ablehnung des
Regimes zum Ausdruck. Das hatten Gorbatschow und Jelzin,
beide überzeugte Kommunisten, sehr wohl begriffen und gingen in die Kirche, um zu zeigen, dass auch sie mit dem Protest
solidarisch waren.
Inzwischen ist das kommunistische Regime verschwunden,
die zur Schau gestellte Religiosität hat ihren Zweck erfüllt und
so gehen nur noch Gläubige in die Kirche. Meiner Meinung

nach ist dies keine starke Bewegung; die Parteien, die diese religiöse Renaissance zu ihren Zwecken instrumentalisieren wollten, haben nur zwei Prozent der Stimmen erhalten.

Der Faden der russischen Kultur schien abgerissen, aber er war es nicht für immer, denn die dritte Generation der Siebzigerjahre ist gebildet und kenntnisreich. Sie wird sich wieder auf diese Kultur besinnen und ein Publikum bilden, das in der Lage ist, künstlerische Kreation zu würdigen und zu begleiten. Sie wird auch den aufgegebenen oder missbrauchten Faden der Geschichte wieder aufnehmen.

In der UdSSR war die Geschichtswissenschaft Sache der Partei, die die Vergangenheit nach ihren Bedürfnissen umschrieb und zur Legitimierung von Macht nutzte. Die Gesellschaft glaubt nicht mehr an offizielle Geschichtsschreibung. Sie hat »ihre« Geschichte im Werk von Schriftstellern wie Solschenizyn und in Augenzeugenberichten wieder entdeckt. Gruppen wie *Pamiat* (»Gedächtnis«) und *Memorial*, die sich der Aufarbeitung der Vergangenheit widmen, gibt es inzwischen zuhauf. Um sich ihre Geschichte wieder anzueignen, hat die russische Gesellschaft an die Erinnerung appelliert.

Dies ist eine schmerzhafte, wenn nicht unerträgliche Arbeit. Der Regisseur Michalkow ist bei den Leuten verhasst. In seinem Film *Die Sonne, die uns täuscht* wird deutlich, dass nicht allein die kommunistische Partei die Verbrechen der Stalinzeit begangen hat, sondern die ganze Gesellschaft daran beteiligt war. Dass er herausgefunden hat, wovon man nichts wissen will, nimmt man ihm nicht übel, aber dass er selbst vom Breschnewregime profitierte, bevor er den moralischen Zeigefinger erhob, trägt man ihm nach.

In der Zeit nach dem Kommunismus wie in der Epoche nach den Zaren wurde die Legitimität der Vertreter des untergegangenen Regimes infrage gestellt. Nach 1917 die Priester, Beamten und Offiziere, die sich mit dem Adelsregime identifiziert hatten; Ende der Achtzigerjahre die Mitglieder der Partei.

Die Desillusionierungen der Zeit nach Gorbatschow haben die Wogen hochschlagen lassen.

PHILIPPE JEAMMET: Also haben die Russen eine Geschichte voller Trug und Unwahrheit geerbt.

MARC FERRO: Ja, aber die dritte Generation, von der ich vorhin sprach, hat eine umfassende Schul- und Universitätsausbildung genossen, in einer Gesellschaft, die nicht blockiert war, wie die westliche Presse immer behauptet hat. Mir wurde diese Offenheit 1985 in Irkutsk bewusst. Studenten, die von meinem Besuch vorher nichts gewusst hatten, stellten mir Fragen wie: »Erzählen Sie uns von der Kohabitation in Frankreich … Woher rühren die Konflikte innerhalb der Annalisten-Schule?« etc. Wie hätte man ahnen können, dass sie so gut informiert waren? Viel zu wissen war für sie lebensnotwendig. Als ich sie verließ, fragte ich mich, wie sie die hölzernen Reden der Parteibonzen weiter ertragen würden. Sie haben es eben nicht ertragen, und Gorbatschow war nichts weiter als das Produkt einer Gesellschaft, deren Entstehung man im Westen nicht hatte sehen wollen: eine gebildete Gesellschaft, die sich vom »Plebejertum« teilweise schon weit entfernt hatte.
Kann man heute sagen, die russische und sowjetische Identität habe überlebt? Kann man der Meinung sein, dass sie der Öffnung in alle Richtungen, dem Profitsystem und dem Liberalismus widerstehen kann? Inzwischen existieren verschiedene Modelle nebeneinander, und die Unsicherheit, unter der viele leiden, sowie die Arroganz der neuen Reichen enthalten einiges Gewaltpotenzial. Dies ist aber eine andere Frage.

Die befreite Erinnerung

Philippe Jeammet: Die Sowjets haben sich die Geschichte zurechtgelegt. Aber tun dies nicht alle Staaten, auch die demokratischen?

Marc Ferro: Die Fernsehsendung »Histoire parallele«, die auch in Deutschland unter dem Titel »Es geschah vor 50 Jahren« auf ARTE zu sehen war, bot vielen Menschen Gelegenheit, Zeugnis abzulegen: Leute, die man bisher daran gehindert hatte, die es nicht konnten oder wollten, denen aber die Art der Sendung ermöglichte, das Wort zu ergreifen. Woche für Woche spielte sich für sie zwischen 1989 und 1995 erneut der Krieg ab, entsprechend dem, wie sie ihn erlebt hatten. Die Menschen konnten ihre Vergangenheit nachvollziehen, im Rhythmus ihrer eigenen Existenz...
»Geschichte wiedererleben«: unter diesem Titel haben wir einen Teil der Tausende von Briefen veröffentlicht[1], die wir bekommen hatten. Ein wahrer Anschauungsunterricht. Die meisten Verfasser dieser Briefe gehören zum einfachen Volk. Und ihre Erinnerung gibt die Vergangenheit auf andere Weise wieder als die Geschichte der Historiker oder Politiker.
Ein großer Teil der Aussagen erzählt vom Leben der Franzosen während der Besatzung, ohne dass dabei vom Nazismus die Rede ist (als seien sich nur die »gebildeten« Schichten der Besonderheit dieses Phänomens bewusst). Es ist immer nur von den »Deutschen« die Rede. Von der Résistance hingegen erfährt man viel: Die Widerständler im Inneren Frankreichs, die nicht alle zu Widerstandsgruppen gehörten, leiden noch heute unter der Ignoranz bzw. der Missachtung ihrer Taten, denn

---

1 Marc Ferro/ Claire Babin, Revivre l'Histoire, Paris, 1995.

schließlich beanspruchen ja auch die Männer des Vichy-Regimes für ihr Handeln das Prädikat einer Art von »anderer Résistance«. Sie wollen einen Platz für ihr Tun in der Geschichte, während die Widerständler sich über die Undankbarkeit empören, welche die innere Résistance in einer Zeit erfahren musste, in der alle Ehre – die nationale und internationale – den französischen Kräften im Ausland (denen General de Gaulles) zuteil wurde.

Die einfachen Bürger prangern 50 Jahre nach den Ereignissen angesichts einer Geschichtsdarstellung, die etwas von einer Heldenlegende hat und bereits von mehreren Dokumentarsendungen in Frage gestellt wurde, die Tabus an, die womöglich die französische Gesellschaft vergiftet haben. Viele haben zum Beispiel endlich zu sagen gewagt, wie furchtbar die Bombardierungen der Engländer und Amerikaner waren. Hätten sie das zu einer anderen Zeit geäußert, wären sie zu Kollaborateuren erklärt worden.

Mit Hilfe der besagten Fernsehsendung konnte eine Gedächtnisarbeit stattfinden, durch die Dinge nach außen gelangten, die zu anderer Zeit verborgen geblieben sind. So geschieht es auch in den seltenen Filmen über Algerien, besonders dem von Tavernier *(La Guerre sans nom)* im Bezug auf den Algerienkrieg.

ERINNERUNG DER FAMILIEN

PHILIPPE JEAMMET: In einem sehr bewegenden Buch erklärt Primo Levi, der Überlebende von Auschwitz, der sich die Pflicht des Erinnerns auferlegt hatte, voll Bedauern: »Meine

Kinder haben sich immer geweigert, über das Thema zu reden. Ich habe zwei Kinder, mit denen ich immer ein sehr gutes Verhältnis hatte, aber davon haben sie nie etwas wissen wollen.«

MARC FERRO: Bei der Frage, wie Familien Geschichte erlebt haben, ist mir aufgefallen, dass sie so wenig wie möglich darüber sprechen. Als Kind habe ich zu Hause nie etwas über die Geschichte meiner Familien gehört. Und noch weniger über die »große Geschichte«, von der ich nur ein wenig aus der Zeitung und durch das Radio erfuhr.

Ich habe nicht den Eindruck, dass die Kinder von heute durch ihre Eltern mehr über die Geschichte ihrer Familie wissen. Sie würden sich das gar nicht anhören, und den Eltern kommt es ebenso wenig in den Sinn, ihre Erlebnisse zu erzählen. Angehörige meiner Generation, die im Widerstand waren, würden es unerträglich finden, die Rolle des früheren Kämpfers zu spielen. Und wer eine zweideutige Haltung hatte, wird wohl kaum seinen Kindern von den dramatischen Ereignissen von damals berichten. Oft genug erzählen nicht einmal die Opfer von Verfolgung ihren Kindern davon. Mit den späteren Generationen verhält es sich genauso: Als Bertrand Tavernier seinen Dokumentarfilm über Algerien drehte, befragte er Beteiligte, und alle sagten übereinstimmend, es sei das erste Mal, dass sie darüber reden. Selbst im privaten Rahmen. Ich habe mit meinen Kindern sehr selten über meine Aktivitäten im Widerstand gesprochen, während ich in Algerien unterrichtete, oder über meine Zeit in der Résistance. So geht es auch vielen meiner Kollegen.

PHILIPPE JEAMMET: Haben Eltern, die nicht über ihre Erlebnisse berichten, wirklich mit der Vergangenheit abgeschlossen? In dem erwähnten Buch fährt Primo Levi fort: »Fünfzehn Jahre lang haben meine beiden Kinder, zwischen denen ein Altersunterschied von neun Jahren besteht, mit Ablehnung reagiert. Aber ich glaube, sie weigerten sich, mir zuzuhören, weil sie alles bereits intuitiv wussten.«

Es ist tatsächlich nicht einfach für Eltern, den Kindern eigene Erlebnisse zu vermitteln. Zum einen, weil man sie schonen will. Aber auch aus Scham, weil man sich wie ein Exhibitionist vorkommt. Und man hat das dunkle, aber starke Gefühl, dass andere, die von unseren Erlebnissen nichts wissen, uns nicht verstehen können, dass das erfahrene Unglück, der Zweifel, der Schrecken nur dann gemildert wird, wenn man sie ganz teilen kann, was ja gar nicht möglich ist. So hält man das Unerträgliche auf Abstand. Handelt es sich um Taten, auf die man stolz sein könnte, traut man sich nicht, andere an der Freude darüber teilhaben zu lassen.

MARC FERRO: Es gibt aber auch Familien, die ich – mir fällt kein besseres Wort ein – als militant bezeichnen würde. Sie bilden heute eine verschwindende Minderheit, engagierte Christen, Kommunisten und andere. Hier waren die Eltern an politischen oder sozialen Aktionen, zum Beispiel im Umweltbereich, militant beteiligt, worüber sie auch mit ihren Kindern sprechen. Die Kinder sind dann nicht unbedingt genauso engagiert wie ihre Eltern, aber sie verstehen, was es bedeutet.
Es gab auch Generationen, die auf ihre Erfahrungen stolz waren. So haben die Teilnehmer des Ersten Weltkriegs gegenüber den Jüngeren immer wieder die Werte, für die sie gekämpft haben, betont. Sie hatten den Schrecken überlebt, hatten einen Arm, einen Lungenflügel und ihre Jugend verloren, aber in der Gesellschaft galten sie etwas und wurden nicht vergessen.
In Deutschland, wo die Kinder entdeckten, welche furchtbaren Dinge zur Zeit ihrer Eltern im Nationalsozialismus geschehen waren, sind die Traumatisierungen geblieben und die Eltern haben den Kindern nichts anderes geboten als ihr Schweigen. Und so kommt es dort verständlicherweise zu immer

mehr Reuebekundungen. Die Generation, die jetzt an die Macht kommt, hat weder den Krieg erlebt noch ist sie schuldig. Die Deutschen haben sich wohl am mutigsten mit ihrer Vergangenheit auseinander gesetzt. Und man kann in gewisser Weise sagen, dass die Deutschen durch ihre Schuld Federn gelassen haben.

Das Gedächtnis der Völker

PHILIPPE JEAMMET: Können wir aus der Geschichte lernen?

MARC FERRO: Ich fürchte, die Gesellschaft – ich spreche nicht von den Jüngeren, sondern von denen, die den Krieg erlebt haben – lernt aus der Geschichte nichts. Was wir aus ihr lernen könnten, gleitet an uns ab wie Wasser an einem Regenmantel. Das mag im Hinblick auf den Nutzen des Fortschritts in den historischen Wissenschaften pessimistisch stimmen. Man interessiert sich mehr für die Liebhaber der Katharina von Medici als für die Religionskriege. Und selbstverständlich gibt es überall tabuisierte Wahrheiten.

Bestimmt hat historisches Wissen eine Chance, aber vertieftes, nachdenkliches Begreifen gibt es, wenn es um die Geschichte geht, kaum. Kann man überhaupt auf die Lehren der Geschichte hören, wenn die Gruppe, der man selbst angehört, dadurch infrage gestellt wird? Ich selbst könnte es mir vorstellen ... Deutsche und Franzosen dramatisieren heutzutage Ereignisse der Vergangenheit, damit sie uns eine Lehre sind. Manchmal wird auch Missbrauch mit den Lehren der Geschichte getrieben: Man greift auf Verbrechen zurück und tut,

als decke man Verbrechen auf, die einem bekannt sind. Man
bleibt bei seinen fixen Ideen und Vorurteilen. Neulich habe ich
in meine Fernsehsendung HISTOIRE einen amerikanischen
Republikaner eingeladen, der über die Wahlen in Amerika
berichten sollte. Gleich habe ich Vorwürfe geerntet: Ich hätte
einen Demokraten einladen sollen! Aber was soll das? Wenn
ich mich als Historiker mit der russischen Revolution befasse,
dann lese ich alles, von extrem rechten Publikationen bis zu
extrem linken …

Übrigens kann man sich auch auf andere Weise mit Geschichte
beschäftigen: Wenn ein Memoirenschreiber zum Romancier
wird und wenn dieser Geschichte betreibt, dann macht er seine Verantwortung auf andere Weise geltend. Solschenizyn
zum Beispiel, der hervorragende Kenntnisse über die Revolution von 1917 besitzt, macht aus allem, was geschehen ist, eine
Reihe von Handlungsabläufen mit zwei oder drei Personen,
Folgen von Ereignissen, die sich kreuzen und innerhalb eines
kunstvoll ausgearbeiteten Rahmens überstürzen, als sei Geschichte nichts anderes als die Aneinanderreihung oder Grup-
pierung individueller Konflikte. So spaltet er die Revolution
von der Last der Vergangenheit ab. Dabei hat diese die Ereignisse mitbestimmt. Er lässt alle Überzeugungen oder Hoffnungen weg, die unabhängig von oder auch neben den Beziehungen zwischen Individuen von Bedeutung sind. Zugleich
nimmt er der Revolution jegliche moralische Zielsetzung, dabei war sie zuerst eine Revolte gegen Ungerechtigkeit, gegen
die Ausbeutung des Menschen durch den Menschen. Zur Gewalt kam es ja erst, als die Ziele nicht erreicht und die Menschen zornig wurden. Nicht dass Geschichte vorherbestimmt
ist und es einen Deus ex Machina gibt, doch Solschenizyn entzieht den historischen Ereignissen jeglichen Sinn, leugnet den
Gedanken, dass sie von einer großen Gruppe gewollt waren.

Wenn man mit dem Gedächtnis spielt, meldet sich die Geschichte in unserer Erinnerung zu Wort. Heute spricht man in

Europa viel von Erinnerung. Nach dem Prozess gegen den Nazikollaborateur Maurice Papon in Frankreich, dem Raub an jüdischen Guthaben auf Schweizer Banken, den Vorteilen, die Schweden aus seiner Neutralität zog, und dem Diebstahl von Kunstwerken kann man sich fragen, ob die »Arbeit«, wie Psychologen es nennen, an der Vergangenheit wirklich schon abgeschlossen ist.

Ich bin auch immer wieder überrascht, wie Völker von ihrer Geschichte eingeholt werden. Nehmen wir als Beispiel die Armenier. 1915 verübten die Türken das große Massaker an ihnen. Bis in die Siebzigerjahre haben die Überlebenden geschwiegen. Dann erlebten sie, wie die Juden sich zu erinnern begannen und welche Auswirkung die Anerkennung des Völkermords hatte. Dann haben sie darum gekämpft, dass man auch von einem Genozid an den Armeniern sprach. Sie wurden wieder zum Märtyrervolk. Und sie kämpfen darum, dass ihr Martyrium von 1915 nicht Massenmord, sondern Völkermord genannt wird. Sie wollen nicht anerkennen, dass viele Armenier nicht von den Türken massakriert, sondern in den Süden deportiert wurden, dass Tausende andere konvertierten, um dem Massaker zu entkommen. Hier liegt der Unterschied zum Genozid an den Juden: Diese konnten nicht konvertieren, um dem Tod zu entgehen.

Geheimnisse, Lügen, Vergessen

Marc Ferro: Der Historiker versucht, die Erinnerung zu befreien. Aber dies ist sichtlich auch Aufgabe des Psychoanalytikers.

Philippe Jeammet: In der Geschichte eines Individuums tauchen immer wieder unausgesprochene Dinge auf. Es ist wie bei unterirdischen Bächen, die plötzlich an die Oberfläche kommen und deren Lauf man nicht sehen konnte. Verschwiegene Dinge können etwas mit der allgemeinen Geschichte zu tun haben: Es gibt immerfort Rückwirkungen zwischen Gruppen und Individuen, durch die Dinge abgemildert, aber auch verschärft werden können. Es wäre falsch, Geschichte und Psychologie als unvereinbar zu betrachten. Beide erhellen, jede auf ihre Weise, das Schicksal der Menschen. Wir haben ja gesehen, welche Spuren die Traumatisierungen an den Opfern der NS-Verfolgungen selbst noch bei Menschen hinterlassen, die drei Generationen später leben und gar nicht selbst beteiligt waren.

Wenn in den Medien und im kulturellen Diskurs das Wissen der Historiker mehr Beachtung fände, könnte dies dazu beitragen, verborgene Probleme an die Oberfläche zu bringen, die im Unbewussten von Individuen gewissermaßen verschlüsselt waren.

Die Franzosen zum Beispiel haben ihre Niederlage von 1940, die ihnen das Nazideutschland zugefügt hat, lange verschwiegen. Nehmen wir, was 1968 geschehen ist, um darüber noch einmal nachzudenken. Waren diese Ereignisse vielleicht eine Reaktion auf diese Niederlage und ihre Folgen? Es ist, als habe die französische Kriegsgeneration ihren Kindern die Leugnung dieser Niederlage und die Verherrlichung des Widerstands, also der Résistance, überliefert und damit die eigene unterschwellige Depression kaschiert. Auch wenn man die Ereignisse von 1968 mit einer solchen Sichtweise vielleicht vereinfacht, diese Jugendrevolte hatte etwas Manisches, war von einer freudigen Erregung, wobei man einerseits Wirklichkeit und Konflikte beiseite schob, andererseits aber die Dinge idealisierte, eine Idealisierung, von der man sich fragen kann, ob sie nicht in erster Linie der Versuch war, die Depression der früheren Generation, die eine Last bedeutete, zu beschwören und zu beseitigen. Diese Last war umso schwerer loszuwerden, als nie von ihr die Rede war und man sie sich nicht einmal vorstellen konnte, jedenfalls nicht die Mehrheit der Leute. Die Motive für die Revolte, die immer genannt wurden, hatten jedenfalls kaum damit zu tun: die Öde des Alltagslebens, die Bürde des Konformismus oder Moralismus einer als starr erklärten Gesellschaft, die sich in Wirklichkeit bereits entscheidend veränderte.

Dass sich die junge Generation in die Ereignisse von '68 stürzte, war auch Ausdruck eines anderen Unbehagens, als spürten die Jungen, dass sie sich von etwas befreien mussten, das ihnen nicht gehörte, jedoch auf ihnen lastete, dem depressiven Fundus von Eltern, die unfähig waren, eine offiziell nicht anerkannte Niederlage zu verarbeiten … Es war ja die Niederlage der Eltern, die man anprangerte (die wir anprangerten; da ich zu dieser Generation gehöre, will ich mich nicht ausschließen). War es eine Niederlage, dass wir die Welt nicht verändert haben? Aber alle Generationen haben dies doch nur in kleinen, mühsamen Etappen mit vielen Rückschritten und Kompromissen geschafft.

Deprimierte Eltern anzugreifen ist schwierig. So wurde in manchem stark übertrieben und man setzte zum Beispiel die Polizei und den Staat mit der SS bzw. dem Faschismus gleich. Besser aber kann man die Wirklichkeit gar nicht leugnen. Trotzdem glaubte man daran und hatte auch Gründe dafür. Aber diese Gründe lagen innen, waren weitgehend unbewusst, es war die Identifikation mit leidenden, besiegten Eltern, die der SS ausgeliefert waren. Auch wenn sie der objektiven Realität nicht gerecht wird, psychologisch gesehen war die Gleichsetzung von Polizei und SS gar nicht so falsch.

Man weiß im Übrigen, dass manche bei dieser Gelegenheit ihr seelisches Gleichgewicht verloren haben, andere wiederum zogen sich in sich zurück, gingen ins innere Exil oder verdammten sich selbst zur Erfolglosigkeit. Einzelnen gelang es, ihr Gleichgewicht zu finden, aber mit dem Abstand von heute können wir sagen, dass der Preis, den sie zahlten, oft hoch war.

Die Erinnerung an '68 dreißig Jahre später war lebendig und intensiv. Auch hier lohnt sich die Frage: War dies nicht auch wieder der Versuch unserer Generation, die depressive Krise von '68 zu überwinden, als deutlich wurde, dass in dieser Krise die nicht erkannte Depression der Eltern verarbeitet wurde? Der Versuch von '68 vollzog sich in einer Art Reaktivierung dessen, was wir die schizoparanoide Position nennen: eine Kluft zwischen gut (das Volk, die Spontaneität, das Vergnügen) und böse (die Bourgeoisie, Zwänge, Arbeit); Idealisierung (»Unterm Pflaster liegt der Strand«, »Es ist verboten zu verbieten« …); Projektion (»Nicht ich habe Schwierigkeiten, die anderen sind es, die mich nicht leben lassen wollen«). Die Wiederaufnahme dieser Problematik vollzieht sich eher auf depressive Weise. Handelt es sich hier wirklich um Verarbeitung mit dem dazu notwendigen Nachdenken über die Frage, was zu dieser Zeit mit uns geschehen ist? Oder erleben wir es, beinahe hätte ich gesagt, schon wieder, dass diese Arbeit nur oberflächlich erledigt und die Ursachen der Depression auf die junge Generation projiziert werden? Einerseits idealisiert man diese Zeit (»Worüber klagte man eigentlich? Es gab doch Vollbeschäftigung …« oder umgekehrt: »Da haben die Jungen noch etwas gewagt und sich für Ideale eingesetzt«); andererseits schiebt man die Depression der Erwachsenen auf »die armen Jugendlichen, die in einer Welt, die kein Mitleid kennt, zur Arbeitslosigkeit verurteilt und hilflos den Nachteilen der Globalisierung ausgesetzt sind«.

MARC FERRO: Ich bin immer vorsichtig, wenn man von der Analyse des Individuellen auf das Allgemeine schließt. Bisher hatte mich nur Mitscherlichs Buch *Die Unfähigkeit zu trauern* überzeugt, aber was Sie über '68 sagen, erscheint mir einleuchtend.

PHILIPPE JEAMMET: Glauben Sie nicht, dass es eine gewisse Analogie zwischen Gruppenphänomenen und der Entwicklung des Individuums gibt, wenn es um die Bedrohung der Identität, Projektionen auf den Fremden und totalitäre Tendenzen geht?

MARC FERRO: Ihre Art, vom Individuum auf das Kollektiv zu schließen, wenn es um die Bewahrung der Identität geht, hat mich überzeugt, aber ich bin im Grunde kein Anhänger solcher Darlegungen, weil es keine sichere Methode gibt, vom Individuellen auf das Soziale zu schließen, ebenso wenig wie Behauptungen Beweise darstellen ... Man kann sich bestenfalls mit Analogien begnügen.

PHILIPPE JEAMMET: Sie haben Recht, die Psychoanalyse kann nicht auf alles eine Antwort geben. Ich bin übrigens der Meinung, dass sie nicht zu einer neuen Religion werden darf. Aber soll man sich deshalb verbieten nachzudenken, vor allem, wenn dies dazu beitragen kann, sich die Zukunft vorzustellen? Gerade die Geschichte müsste uns dabei helfen, aber nach dem, was Sie sagen, habe ich den Eindruck, dass wir von ihr nur wenig lernen können ...

Beim Problem des Vergessens der Völker und Staaten kann ich gar nicht umhin, daran zu denken, was in manchen Familien geschieht, wenn dort Geheimnisse die Kommunikationsweisen und Beziehungen bestimmen. Wir sagten ja bereits, dass das Unbewusste keine Zeit kennt. Es bewahrt die Spuren des Erlebten auf, und man kann es wieder entdecken wie eine Höhle, die tausend Jahre verschlossen war. Der Bereich, der geheim bleiben soll, ist wie ein düsteres Licht, denn das Nichtgesagte zieht Aufmerksamkeit auf sich und es kann mit seinem trüben Schein unser Leben überschatten.

Meistens werden Dinge, die man als schamhaft erlebt hat, verborgen. Wie in einer bestimmten Familie, in der nach einem ersten Kind, das ein Junge war, ein Mädchen geboren wurde, das bald darauf starb. Ein Jahr später kam wieder ein Junge zur Welt. Die Geschichte seiner Schwester wurde vor ihm verborgen. Es gab Babyfotos von ihr, und es hieß immer, das sei er. Der ältere Bruder ahnte, wie es wirklich war und machte immer irgendwelche Anspielungen ... Diese Situation löste bei dem Jüngsten eine pathologische obsessionelle Fixierung aus, eine Art Versuch, dieses Double zu vertreiben, den Schatten der kleinen Toten, der seine gesamte Kindheit verdunkelt hatte. Das Unausgesprochene machte die Tote überpräsent, er konnte in ihr keine andere Person als sich selbst sehen. Der Junge bekam in der Pubertät schwere Identitätsstörungen.

So ist das mit den Familiengeheimnissen. Der irrige Versuch, sie zu verbergen, bringt sie zum Leuchten. So kann man sie nicht verarbeiten, kann keinen Abstand zu ihnen gewinnen, weil sie nie ausgesprochen wurden. Dabei wissen wir genau, dass es bei Traumatisierungen wichtig ist, über sie zu sprechen und sich so mehr oder weniger von ihnen zu befreien. Familiengeheimnisse sind wie Leichen im Keller, die man nicht verschwinden lassen kann. Sie sind da wie ein fremdes Armeekorps, das einen überrennt, gegen das man sich nicht verteidigen kann. Sie üben eine starke Wirkung auf diejenigen aus, die ihre Ursache nicht herausfinden können.

Echtes Vergessen hingegen bedeutet keine Last. Man kann sich nicht an alles erinnern, kann nicht alles von Generation zu Generation weitergeben. Man trifft eine Auswahl, sodass Individuen und Gruppen nicht von der Menge der Erinnerungen erdrückt werden und sich auf die Wirklichkeit dessen, was sie erleben, einlassen können. Es ist sicher nicht von Nutzen, alles zu wissen, und man weiß, welche Gefahr es in manchen Situationen bedeutet, unbedingt alles erfahren zu wollen.

Es heißt oft, man solle der Zeit ihren Lauf lassen. Die Arbeit der Zeit, die sich in uns vollzieht, muss eine gewisse Dauer haben, um sich zu erproben, anerkannt zu werden. Es geht nicht darum, unsere persönliche Geschichte an das Tageslicht zu zerren und alles auf den Tisch zu legen. Geheimnisse sind ein wichtiger Teil des Lebens, manche Lügen sind notwendig, damit das Leben funktioniert, aber wenn Lügen im Zentrum des Lebens stehen, kann es verkümmern oder blockiert werden.

5. Kapitel

Welches Erbe uns bleibt

PHILIPPE JEAMMET: Es gelingt uns nicht immer, die Linien auszumachen, die von entscheidender Bedeutung und immer gültig sind, wir sind oft taub für das Echo der Geschichte; am schwersten fällt es, sich Veränderung vorzustellen. Wir verstehen sie als Umbruch, der alle unsere vorherigen Bezüge zu vernichten droht. Wir verwechseln Veränderung mit Zerstörung.

MARC FERRO: Und doch können selbst die Formen des politischen Lebens anders werden. Dies sieht man im Moment zum Beispiel bei den vielen Vereinen und Initiativen. Sie haben ihre Zeitungen, ihre Treffen, ihre finanzielle Unabhängigkeit. Dass es immer mehr werden, ist ein Zeichen dafür, dass die Leute einen Raum brauchen, in dem sie als Bürger initiativ oder politisch aktiv sein, Druck auf die Macht ausüben oder wohltätige und humanitäre Dinge tun können. Da den Bürgern durch den Staat, die Parteien, die Gewerkschaften das repräsentative parlamentarische System, durch Reglementierung und Verbote eine echte Mitwirkung am öffentlichen Leben aus der Hand genommen ist, suchen sie sich Bereiche, in denen sie autonom wirken und souverän sein können.

Bedrohte Identität

Philippe Jeammet: In zerfallenen Strukturen wie in den großen Vorstädten kann man beobachten, dass sich das Milieu, wenn die Menschen nichts mehr haben, woran sie sich festhalten können, weder eine Familie noch eine Beziehung zum Staat, seine eigenen Gesetze schafft. Dann ersetzen eben die Gruppe oder die Bande die Familie. Die Jugendlichen sagen, »in der Gruppe wird man anerkannt, verteidigt, von den anderen beschützt«, also bilden sie in entwicklungsfähiger Form Strukturen, die ihrem Bindungsbedürfnis gerecht werden. Auch in diesem Zusammenhang hat man von der Versuchung des Tribalismus gesprochen, nur handelt es sich in diesem Fall um keinen Rückzug, sondern eher um den Wiederaufbau einer Gemeinschaft. Ich frage mich, ob sich nicht manche Gemeinschaften in den Vorstädten durch ihre territoriale Zugehörigkeit und ihre Abgrenzung gegenüber der ihnen fremden Regierung und dem fehlenden Staat eine eigene Identität schaffen.

Wir kommen darüber zu den grundlegenden Bindungen. Veränderung lässt paradoxerweise ihre Dauer erkennen. Mir scheint, dass wir erleben, wie auf verschiedenen Wegen, an unterschiedlichen Orten und in jeweils anderen Zusammenhängen ein- und dieselbe Bewegung stattfindet, im Namen der Notwendigkeit, etwas zu finden, das Bindungen schafft und es zugleich den Leuten ermöglicht, sich ihr Anderssein zu bewahren. Mit dem Ausdruck des Bedürfnisses nach Zugehörigkeit taucht auch die Frage des Krieges wieder auf, die wie individuelle Gewalt oft eine Abwehrreaktion gegen Angriffe auf die eigene Identität ist. Jenseits von nationalistischen Konflikten, die katastrophal sind, hat sich der Krieg in den Bereich des sozialen Fortkommens, des Kampfs um wirtschaftliche Vorteile verlagert.

MARC FERRO: Wirtschaftlicher Krieg ist Krieg. Auch er verursacht Tote, im Bereich der Arbeit und außerhalb. Man könnte eine Art Typologie von Konflikten aufstellen, die immer wiederkehren.

– Blutige Konflikte brechen kontinuierlich auch in solchen Ländern aus, in denen ein wirtschaftliches Gefälle kaum eine Rolle spielt: so zwischen Armeniern, Aserbaidschanern und Türken, zwischen Ungarn und Rumänen, den Völkern Indiens etc.

– Andere Konflikte brechen aus, wenn die wirtschaftliche Entwicklung sich zu schnell vollzieht: Manche werden reich, andere arm. Die Konflikte können unter verschiedener Flagge ausgetragen werden. Es kann die rote Fahne sein (die Revolution), die der Nation (Wallonen und Flamen) oder die grüne islamische Fahne. Die Farben tun nichts zur Sache. Die Menschen können Revolutionäre, Nationalisten oder Traditionalisten sein … die Ideologie sagt nichts über die wahre Natur des Konfliktes aus, der Umsturz der Macht, Umverteilung des Reichtums oder Zerfall bedeutet. So verhält es sich vor allem, wenn die Macht der einen auf die anderen übergeht. Der Umsturz ist Quelle der Gewalt. Denken wir an Tutsis und Hutus.

– Der dritte Typus von Konflikt hat mit kulturellem Anderssein zu tun: Ein Volk hält sich für überlegen, wird von einem anderen beherrscht, das es für minderwertig hält. So war es bei den Balten, die sich weigerten, von den Russen dominiert zu werden, den Slowenen, die nicht die Herrschaft der Serben ertrugen, weil sie sich für ein westliches Volk in Osteuropa hielten.

PHILIPPE JEAMMET: Gesellschaften, die sich nicht bewegen, sind nicht sicher vor Konflikten, auch nicht den blutigsten. Dies nur als Hinweis für jene, die glauben, dass nur Veränderungen Gewalt mit sich bringen.

MARC FERRO: Vielleicht sind Sie geschockt, wenn ich Ihnen jetzt Recht gebe: Die russische Gesellschaft, die mit dem Terror unter Lenin und Stalin und den Gulags von extremer Gewalttätigkeit war, hat sich seit der Perestroika zunehmend von Gewalt befreit, es gibt dort seitdem nur noch ein paar Dutzend Tote. Ich spreche nicht vom Krieg in Tschetschenien, einem Kolonialkrieg, der nicht stattgefunden hätte, wenn dieses Land wie Tadschikistan eine autonome Republik gewesen wäre ... Aber durch ein juristisches Spiel gehörte Tschetschenien zur russischen Föderation ...

AN DEN WURZELN DER GEWALT

PHILIPPE JEAMMET: Können wir wegen der narzisstischen Kränkungen, die wir erfahren, und des Wunschs nach Rache, den wir alle in bestimmten Augenblicken verspüren, nicht umhin, uns gegenseitig umzubringen? Das Bewusstsein seiner selbst befähigt den Menschen, in die Zukunft zu schauen, und hat ihn so von den instinktgeleiteten Ritualen befreit, die dem Tier seine Grenzen setzen und sein Leben organisieren. Aber die Befreiung von instinktgeleiteten Zwängen macht den Menschen zum einzigen Lebewesen, das grenzenlos Gewalt ausüben kann. Vielleicht ist dies der Preis für sein Bewusstsein: Er hat die Wahl, sich selbst umzubringen oder die anderen, und kann sogar die Vernichtung der gesamten Menschheit planen. Oft sind Kriege ein Mittel, mit Ängsten und Demütigungen umzugehen. Man kann sich mit denen verbünden, die auf derselben Seite stehen. Man ist nicht allein, der Böse ist ausgestoßen, und während man mit ihm abrechnet, kann man sich von allen Verletzungen und Demütigungen befreien und die anderen ausmerzen. Und man kann sich vor Deprimiertheit schützen: Schuld sind immer die anderen.

Niemand von uns will, dass Kinder Krieg erleben. Und alle Eltern fürchten heute die Zunahme von Gewalt.

MARC FERRO: Gewalt hat es immer gegeben, aber wir wissen darüber sicher mehr als vor vierzig Jahren. Sie überrascht uns umso mehr, als wir immer geglaubt hatten, mit dem Fortschritt werde sie verschwinden. Die Gewalt kommt angeblich immer von den anderen.

PHILIPPE JEAMMET: Mir scheint wichtig, die Wurzeln der Gewalt besser zu verstehen. Nicht, um sie zu entschuldigen, und noch weniger, um sie hinzunehmen, aber um sie zu bekämpfen und wirksamer zu verhindern.

MARC FERRO: In die Angst vor Gewalt mischen sich immer wieder Zwangsvorstellungen. Als meine Frau während des Algerienkriegs am Gymnasium von Oran Lehrerin war, ließ sie die Mädchen der 5. Klasse einen Aufsatz zum Thema »Erzählt einen Traum« schreiben. Sie war erschrocken, als sie las, dass viele dieser Mädchen Angst hatten, von Arabern vergewaltigt zu werden. Es waren die Obsessionen ihrer Mütter. Es gab in Algerien alle Arten von Verbrechen, aber kein kleines Mädchen wurde von Arabern vergewaltigt. Im 18. Jahrhundert hatten auch die Spanier in Mexiko solche Zwangsvorstellungen. Sie hatten Angst, von den Indianern vergewaltigt zu werden, dabei wurden die Indianerinnen von Spaniern vergewaltigt.

PHILIPPE JEAMMET: Sie sprechen zu Recht von Zwangsvorstellungen. Aus meiner Arbeit als Psychiater weiß ich, dass Gewalttaten immer auf eine Situation folgen, in der derjenige, der Gewalt ausübt, sich bedroht gefühlt hat. Meistens existierte diese

Bedrohung nur in der Einbildung. Die Betroffenen werden von
dem Gefühl übermannt, ihnen werde Gewalt angetan, mit der
sie nicht mehr fertig werden können. Die eigene Gewalt erscheint ihnen dagegen als legitime Verteidigung, um ihr Terri-
torium zu schützen. Dieses Gefühl einer Bedrohung kann paradoxerweise sowohl durch eine gefühlsmäßige Annäherung als
auch durch aggressives Verhalten herbeigeführt werden.

Bei Beziehungen zwischen Therapeuten und Patienten kommt
es oft zu Gewaltakten oder Zerwürfnissen, wenn der Patient
merkt, welche Auswirkung seine Bindung an den Therapeuten
hat.

Die Freude über eine Bindung, man nehme nur die Lust am Verlangen, verwandelt sich in die Angst, dem anderen Macht über
sich zu geben. Solche Gefühle der Passivität und gefühlsmäßi-
gen Abhängigkeit werden dann unerträglich und als Vergewal-
tigung empfunden. Und Gewalt ist eine Möglichkeit, wieder
Grenzen aufzurichten: jeder für sich. Die Erfahrung von Passivität ist umso unerträglicher, als sie sich körperlich manifestiert
und sogar sexualisiert (Rotwerden in der Pubertät ist ein gutes
Beispiel dafür). Sie erinnert an bestimmte Kindheitserfahrungen und löst die Angst aus, von den Gefühlen, die als Regression
in die Kindheit empfunden werden, vereinnahmt zu werden
und damit die erlangte Selbstbeherrschung zu verlieren. Ein Jugendlicher, der einer alten Dame die Handtasche entreißt und
wild auf sie einschlägt, falls sie sich wehrt, ist in der Lage, in
größter »Aufrichtigkeit« zu glauben, sie sei daran schuld, denn
er sei verfolgt worden von der Wut, die ihn überkommen habe,
weil sein Unternehmen habe schief gehen können, und wahrscheinlich auch von der Schuld, die ihr Widerstand in ihm zu
wecken drohte.

MARC FERRO: Wir sind entsetzt und beunruhigt, dass heute
Gewalt oft von Jugendlichen und sogar von Kindern ausgeübt
wird.

Philippe Jeammet: Dass Gewalttäter immer jünger werden, ist erschreckend, erklärt sich aber aus der sozialen Entwicklung. Ein solches Verhalten findet Anerkennung, es gibt weniger soziale Hemmungen und die Jugendlichen erleben, wie Erwachsene gewalttätig sind, sogar ihnen gegenüber. Man kann sich eigentlich wundern, dass es nicht noch mehr Gewalt gibt. Ist diese Gewalt nicht Spiegel der Hilflosigkeit der Erwachsenen, ihrer Zerfahrenheit, ihres Mangels an Zurückhaltung? Man führt uns vor Augen, dass man zerstören muss, wenn man will, dass einem die anderen endlich einmal zuhören. Die Erwachsenen sprechen mit doppelter Zunge. Dabei wird an den Jugendlichen deutlich, wie die Erwachsenen sind. Sie sehen das im Allgemeinen nicht gern, aber man kann von Tatsachen auf Vorgänge schließen, die zur Gewalttätigkeit führen. Es ist keine direkte Gewalt, das nicht … aber üben wir nicht eine Art Gewalt aus, wenn wir den Erwartungen der Kinder und Jugendlichen nicht entsprechen? Die Gewalt der Jugendlichen ist ein Anzeichen für die Gewalt der Erwachsenen.
Neulich nahm ich an einer Besprechung mit den Leitern einer Notrufeinrichtung für Jugendliche teil. Dort gehen pro Jahr eine Million Anrufe ein, von denen sie 600 000 beantworten. Was die Jugendlichen erzählen, ist oft sehr bewegend. Ein Beispiel: Sie rufen zu dritt aus einer Telefonzelle an. Erst machen sie Witze, dann folgen ein paar grobe Sprüche und schließlich heißt es: »Ich will nicht, dass es mir geht wie meinem Bruder im Knast. Gibt es nicht einen anderen Weg?« Hinter Provokation und Witzen verbirgt sich ein Kind in Not, das die Erwachsenen um konkrete Hilfsmaßnahmen bittet.

REPRODUZIEREN ODER WEITERGEBEN?

MARC FERRO: Man kann verstehen, dass wir nur zögernd Erfahrungen weitergeben, Ratschläge erteilen, Meinungen äußern. Betrachtet man die gesamte Entwicklung, können wir nicht sagen, ob die Bilanz der letzten dreißig, vierzig Jahre erfolgreich ist. Rückgang des sozialen Fortschritts, Wirtschaftskrise, zunehmende Unsicherheit ... Unsere Kinder können durchaus der Meinung sein, dass wir ihnen keine Lektionen zu erteilen haben, da wir keine ideale Welt geschaffen haben, zu der wir Kommentare abgeben könnten wie die Amerikaner nach der Ermordung aller Indianer: »Jetzt gehört alles Land euch, ihr seid reich!«

PHILIPPE JEAMMET: Dieses Beispiel unterstreicht deutlich die Zwiespältigkeit unseres Anliegens.

MARC FERRO: Meiner Generation ist es nicht gelungen, ihre Wertvorstellungen durchzusetzen ... Ein Beweis für völlige Inkompetenz. Wie soll man, wenn man sich für inkompetent hält, Traditionen weitergeben?

PHILIPPE JEAMMET: Wir sollten nicht in übertriebenen Pessimismus verfallen. Hinter allzu großer Besorgnis und zu viel Vorsicht kann sich der Wille verbergen, Einfluss auf unsere Wünsche und auf die, die sie hervorrufen, zu nehmen, wie bei einer Mutter, die ihr Kind mit Liebe überhäuft, die gar keine ist. Solche Liebe wird durch Angst hervorgerufen, die über das Kind offenbar wird und deren Blitzableiter es ist. Auch wir verkrampfen uns, geraten in Panik wegen der allzu großen und unübersehbaren Kluft zwischen unserer Vergangenheit und Gegenwart einerseits und der Gegenwart und Zukunft unserer Kinder andererseits.

Ob unsere Panik uns zu Verhaltensweisen treibt, wie sie in so genannten primitiven, keine schriftliche Tradition kennenden Gesellschaften vorkommen, zu Ritualen, mit denen wir uns vor der Gefahr der Desintegration schützen wollen? Solche Rituale gibt es bei den primitiven Völkern in der »Welt der Frauen«, der »Welt des Waldes« – beide werden dort oft miteinander in Zusammenhang gebracht –, in der Welt der sexuellen Beziehungen und Gefühle, in all dem, was schwer zu beherrschen ist, weil es als gefährlich gilt. Rituale sind dazu da, um die Dominanz des Menschen zu garantieren, und sie sind deshalb so streng, weil die Mitglieder dieser Gesellschaften das Gefühl haben, dass es, wenn sie die Rituale nicht ausüben, zu einer Auflösung der Gemeinschaft kommt und der nicht menschliche Raum den Raum des Dorfes einnimmt ... Solche Phänomene tauchen immer dann auf, wenn die globale Vision, die wir von uns, von der Menschheit haben, infrage gestellt wird. Verlust von Dominanz führt zur Erfahrung von Schwäche und Unordnung. Infrage gestellt zu sein wird mit dem Verlust des bisher Erreichten, der Rückkehr zu Infantilismus und schließlich mit dem Tod gleichgesetzt.
Schließlich haben wir den Wunsch, alles perfekt an die Kinder weiterzugeben. Was es gestern gab, was heute ist, soll sich morgen genauso wiederholen, jede Abweichung ist verboten und unmöglich. Dann aber wird aus der Überlieferung nichts als eine Wiederholung dessen, was schon war. Dies wäre so etwas wie kulturelles Klonen. So ist es lange Zeit bei uns gewesen und es geschieht noch heute in manchen traditionellen Gesellschaften.

MARC FERRO: François Furet hat einmal in der Zeitschrift *Preuves* geschrieben, die Anthropologen seien oft ehemalige Marxisten, die sich in ihrem Leben darauf festgelegt hätten, dass die Geschichte determiniert und immer im Fortschritt begriffen sei. Sie seien von ihrem Verlauf enttäuscht, wollten

dies aber nicht zugeben und untersuchten nun das Modell im-
mobiler Gesellschaften, um ein Weltbild zu konstruieren, das
sie besser im Griff haben könnten.
Ist der Kult der Anthropologie und der primitiven Gesellschaften – vorausgesetzt, diese bewahren Rituale und Traditionen –
vielleicht außer der Reaktion auf eine Verengung marxisti-
schen Denkens auch eine Folge des in unseren Ländern immer
noch vorherrschenden Glaubens, die Gesellschaft müsse sich
stets weiterentwickeln? Dabei werden die traditionellen Gesellschaften zu Gegenmodellen erhoben …
Umgekehrt frage ich mich, ob die Leute, auf die die Lebensweise primitiver Gesellschaften einen solchen Reiz ausübt,
nicht eine unausgesprochene Sehnsucht, eine Vorliebe für Gesellschaften haben, in denen alles tradiert wird, wie es immer
war, und in denen nichts kaputt geht. Nehmen Sie zum Beispiel die immer wieder auflebende Schwärmerei für Ägypten.

PHILIPPE JEAMMET: Wir haben es dabei mit einer Phantasie-
vorstellung von Zeit, die stillsteht, vielleicht sogar von Un-
sterblichkeit zu tun. Doch heute wie gestern ist die Welt ein
Zusammenspiel von Kräften, dessen Mechanismus wir nicht
kennen. Leben bedeutet Änderung und Öffnung.
Das Gesetz der Entropie gilt auch für Menschen und Gesellschaften. Jedes geschlossene System wird mit der Zeit schwä-
cher. So ist es bei Individuen, Familien, der Gesellschaft. Wenn
sie sich nach außen abschotten, entstehen Spannungen mit
schädlicher Wirkung, es kommt zu Zerstörung durch Implo-
sion oder Explosion beim Kontakt mit Kräften von außen, die
als zunehmend bedrohlich empfunden werden (und daher zunehmend jede Form von Zusammenarbeit oder Vermischung,
die hilfreich sein könnten, ausschließen). So wird die Abschot-
tung immer größer.
Wir sprachen von den primitiven Gesellschaften. Aus Angst
vor Auflösung haben sie immer nur dasselbe an die nächste

Generation weitergegeben, bis sie im Kontakt zu anderen Zivilisationen auseinander brachen. Die Pubertät, die in unserer Gesellschaft als das Alter gelten kann, das am meisten Öffnung zulässt, wird dort zu einem Initiationsritus verkürzt (selbst wenn dieser eine gewisse Dauer hat), mit dem die Überlieferung auf die Reproduktion des Ewigselben festgelegt und jegliche Öffnung verhindert wird. Vergessen wir nicht, welch wichtige Rolle physische Gewalt bei diesen Durchgangsritualen spielt, als könne körperlicher Schmerz jeden Anflug späterer Konflikte abwehren, Gehorsam und lebenslange Unterwerfung unter die Vorfahren sichern. In einem ganz anderen Zusammenhang war es in der Sowjetunion ähnlich. Das dortige geschlossene System ist am Ende implodiert.

Doch heute leben wir in der Zeit offener Gesellschaften, der Globalisierung, des Internet. Der Aufschwung der Kommunikationsmittel ist so groß, dass wir nicht wissen, wie wir ihren Lauf aufhalten sollen ... Wir sehen uns daher vor ganz andere Probleme gestellt: Wir können uns nur schwer vorstellen, wie der Austausch zwischen spezialisierten Wissensgebieten geschehen soll, wir haben keine Ahnung, wie morgen Arbeit aussehen wird, wir wissen nicht, welches internationale Recht die Verbindungen zwischen den Kontinenten, Staaten, Regionen und Individuen regeln soll.

MARC FERRO: Ja, und wir wissen auch nicht, wie in unmittelbarer Nähe unsere Beziehungen verlaufen werden. Wie soll man mit Kindern und Jugendlichen kommunizieren, die ganz andere Erfahrungen machen als wir? Was wir ihnen übermitteln, sind Dinge, die sich zugleich zwischen ihnen und uns, zwischen heute und morgen abspielen.

PHILIPPE JEAMMET: Muss man sich darum wirklich Sorgen machen? Kann man nicht der Fähigkeit des Menschen vertrauen, nach und nach Systeme zu entwickeln, welche die Dinge

regeln? Zu glauben, die Situation sei katastrophal, ein wesent-
licher Teil der Menschheit gehe dem Verderben entgegen, ist
vielleicht die depressive Sicht Erwachsener, die meinen, die
Welt gerate aus den Fugen, wenn sie nicht alles kontrollieren.
Nein, sie selbst sind es, die aus den Fugen geraten. Die Welt ist
zwar voller Gefahren, aber die Menschheit verfügt nach wie
vor, wenn auch anders als früher, über die Fähigkeit, mit Gefahren umzugehen.

Aus der Geschichte wissen wir vom Untergang von Zivilisationen – Ägypten, Griechenland, Rom. Sie zeigt uns aber auch
solche, die der Welt gegenüber offen waren und bewiesen haben, dass sie zu Veränderungen in der Lage sind, zum Beispiel
zu einer gewissen Demokratisierung im Innern. Sie haben die
späteren Kulturen beeinflusst, und insofern lässt sich sagen,
dass sie nicht tot sind. Man spricht doch auch im Zusammenhang mit unseren westlichen Ländern immer wieder von einer
griechisch-römischen Zivilisation. Ist nicht die wahre Überlieferung jene, die in der Lage ist, Neues fruchtbar zu machen,
das in großem Umfang vom Alten beeinflusst ist?

Glauben Sie nicht als Historiker, dass die grundlegenden Er-
rungenschaften jeder Epoche überlebt haben, auch wenn sie
zwischendurch nur schwer zu erkennen waren? Man ist nie
zur Steinzeit zurückgekehrt. Vielleicht haben wir das, was wir
vererben, selbst gar nicht mehr im Griff, oder zumindest glauben wir es, doch könnte darin eine Chance liegen und nicht
unbedingt ein Hindernis. Vielleicht ist es auch eine Gelegenheit, die Relativität des Wissens messen zu können. Wir kommen weiter, wir experimentieren, wir entdecken neue Gefahren, doch ohne uns vorstellen zu können, worauf alles hinaus-
läuft.

Die wichtigste Überlieferung jenseits von Gütern und Werten
ist die Weitergabe des Lebens, der Fähigkeit, schöpferisch zu
sein. Wir haben sie nicht in der Hand. Das Leben ist immer
ein Abenteuer. Wir wissen, dass es von Zwängen begleitet ist

und uns nur einen begrenzten Handlungsspielraum bietet,
wobei wir nie wissen können, was dabei herauskommt.

Die Fragen, die wir uns im Hinblick auf unser Erbe an nachfol-
gende Generationen stellen, stehen im Zentrum des Lebens. Es
handelt sich in diesem Fall um keinen notariellen Akt oder fest-
gelegten Katalog von moralischen oder religiösen Werten. Viel
mehr als das, was wir haben, geben wir weiter, *was wir sind*. Und
wir können es nur in der Achtung vor denen tun, denen wir es
weitergeben, indem wir berücksichtigen, was sie erwarten.

MARC FERRO: Ich weiß nicht, ob man heute die Kinder respek-
tiert, aber ich sehe wie der bekannte Familiensoziologe François de Singly, dass man in sie investiert wie in ein Vermögen.
Wir könnten unsere Überlegungen auf die Frage reduzieren:
Wie können wir dieses Vermögen bewahren und fruchtbar
werden lassen?

Bourdieu und Passeron haben in einer Studie gezeigt, dass wir
alle »Erben« sind. Für manche ist dieses Erbe ein Vorteil –
Geld, Kultur, Beziehungen; für andere ein Hindernis oder we-
nigstens eine Bremse. Manche zerschneiden dieses Band, aber
wissen sie, was sie damit tun? Andere klammern sich daran,
aber ist das unbedingt schlecht? Man kann sich auch von Traditionen freimachen wollen.

PHILIPPE JEAMMET: Ein Vater kann seine Kinder enterben
(jedenfalls in gewissem Maß), Kinder können das Erbe ihrer
Eltern ablehnen, nichts aber kann je das Wesentliche ihrer ge-
genseitigen Bindung durchtrennen: Was uns jenseits von Gütern und Werten vermittelt worden ist, ist das Leben. Wir
geben sehr viel mehr weiter, als wir glauben, mit Mitteln, die
wir längst nicht alle kennen. Das Wesentliche dessen, was wir
weitergeben, ist nicht das, was wir mit unserem Denken zu
beherrschen glauben …

6. Kapitel

Die wahre Erziehung

Marc Ferro: Die Antwort auf die Frage, ob es für unsere Kinder ein Vorteil oder ein Nachteil ist, wenn Traditionen weitergegeben werden, hängt ganz davon ab, was überliefert wird, wer es tut und wie es geschieht.

In der Originalversion der *Internationalen* hieß es nicht: »Reinen Tisch macht mit dem Bedränger«, sondern »mit der Vergangenheit« und in diesem Aufruf kam der revolutionäre Elan, der Wille zum Ausdruck, die Gesellschaft von Grund auf zu verändern. Mit der Ausbeutung des Menschen durch den Menschen, dem Unterschied zwischen den Geschlechtern, den Traditionen der Vergangenheit, der Ungleichheit verschiedener Regionen sollte Schluss gemacht werden ... Doch dann stellte man fest, dass diese Formel ein wenig absurd ist, nicht, weil der Plan zu verurteilen war – man hoffte ja auf Fortschritt –, sondern weil man die Vergangenheit nicht per Dekret für beendet erklären kann, nur weil man sich das wünscht. Die Vergangenheit ist immer präsent, sie ist in Bewegung, und man spürt sie oft dann, wenn man am wenigsten damit rechnet.

Die Parole, mit der Vergangenheit Schluss zu machen, wurde der Wirklichkeit, das heißt der Tatsache nicht gerecht, dass Gefühle, Gewissheiten, die Moral und selbst die Benennung des Erbfeinds übernommen werden, ohne dass man Einfluss darauf hätte. Es geschieht ganz von selbst.

Es gibt Dörfer, deren einer Teil katholisch, der andere protestantisch ist. Die Gewohnheiten der Alten aufzugeben wäre Verrat. Sie richtig weiterzugeben ist eine Frage der Ehre und der Treue. Dabei wird uns in der Schule beigebracht, dass wir frei und selbstständig sein, unser Schicksal selbst in die Hand nehmen und uns ganz allein auf unsere eigene Meinung verlassen sollen. Doch liegen diese Freiheit und das Vererben von Traditionen im Wettstreit miteinander. Ist das gut oder nicht? Das Überkommene kann die Freiheit einschränken. Doch ist es illusorisch zu glauben, man könne bei null anfangen und alles neu erfinden. Traditionen weiterzugeben kann Schutz bedeuten und zur Stärkung von Identität beitragen. Es hängt im Grunde alles davon ab, wie es sich vollzieht. Gibt es eine Pädagogik der Traditionsvermittlung?

PHILIPPE JEAMMET: Niemand wird je sagen können, wie es am besten funktioniert, doch gibt es ein paar Gesetze.
Wir haben unseren Kindern unsere Gene vermacht, aber auch die Werte unserer Familie, unseres Milieus, unserer Zeit und zwar im täglichen Umgang miteinander, in dessen Rahmen sich ihnen kulturelle Werte einprägen, je nachdem, wie gut unsere Beziehungen zueinander sind. Individuelles und Kollektives stehen prinzipiell in einem bestimmten Gleichgewicht zueinander. Immer wieder gibt es Resonanzwirkungen zwischen Gruppe und Individuum. Man kann Geschichte und Psychologie nicht voneinander abgrenzen.

Alles beginnt sehr früh

Philippe Jeammet: Um eine Vorstellung von dem zu haben, was wir unseren Kindern vermitteln wollen, sollten wir einmal versuchen nachzuvollziehen, was einem jeden von uns schon widerfahren ist: Man hat das Gefühl, nichts klappe, alles entgleite einem. Und was vergegenwärtigt man sich in einem solchen Moment? Kindheitserinnerungen, die Freude über einen Wettlauf am Meer, das Licht eines Spätnachmittags im Sommer. Häuser, Wände, Gerüche verdichten das Gefühlsklima, das die Quelle unseres tieferen Lebenssinns bildet. Ein geheimer Schatz, dessen Wert man eben nur in unübersichtlichen Situationen erkennt.

Außer dem herrschenden Wertesystem, außer den Erziehungsprinzipien, den religiösen Bezügen und natürlich dem, was man ihm mit Worten vermittelt, ist für das Kind also die *Atmosphäre* des täglichen Umgangs von entscheidender Bedeutung, durch den ihm die Außenwelt vertraut gemacht wird. Diese Vertrautheit versetzt es in die Lage, zu wachsen und die Welt zu erobern, ohne fürchten zu müssen, von ihr vereinnahmt zu werden, und ohne Angst, die Menschen, die es liebt, zu verlieren.

Dieses Klima entsteht schon sehr früh, das wissen alle Mütter. Eine Mutter achtet auf natürliche Weise auf die Bedürfnisse ihres Kindes, und im Allgemeinen gelingt es ihr, es aus der richtigen Distanz zu tun. Sie nimmt die Bedürfnisse ihres Babys nicht vorweg und wartet, bis es sie zum Ausdruck bringt. So lernt es zu warten, doch sie lässt nicht zu viel Zeit verstreichen, um diesen Bedürfnissen zu entsprechen, damit das Kind sich nicht ohnmächtig fühlt, sondern den Eindruck gewinnt, dass es, wenn es um etwas bittet, auch die Antwort mitbestimmen kann. Wenn man es nach einem Stundenplan ernährt, der

nichts mit seinem Rhythmus zu tun hat, erlebt es das Füttern
als Willkür von außen. Winnicott sagte, das Baby schaffe sich
seine Umwelt selbst. Das Kind spürt die Ruhe seiner Mutter je
nach Art und Weise, wie sie es versorgt, ernährt und trägt, und
am Klang ihrer Stimme.

Auf diese Weise entsteht das »Gute«, das es in die Lage versetzt,
dem Bösen zu begegnen. Denn das Kind begegnet Bösem sehr
bald. Alles, was ihm Missbehagen bereitet: Der Bauch tut ihm
weh, die Mutter reagiert nicht gleich, wenn es schreit etc. Es
geht nicht darum, das Gute zu idealisieren und alles, was böse
sein könnte, zu vermeiden. Entscheidend ist, dass das Gute
(Zärtlichkeit, Milch, ein angenehmes Bad) ihm ausreichend
zuteil wird, damit es dem Bösen begegnen kann, ohne dass das
Klima des Vertrauens verschwindet, mit dem es in sich selbst
ohne Hilfe von außen die Erinnerung an das Gute weckt. Man
kann beobachten, wie ein Baby in einer solchen Atmosphäre
nach einem Augenblick des Zorns sich selbst tröstet. Es wäre
falsch, beunruhigt zu sein, wenn es zornig ist: Wut ist notwendig, denn wenn die Mutter auf alle seine Bedürfnisse reagierte,
könnte es sich nicht mehr von ihr trennen. Es ist ja dank der
positiven Dinge, die ihm nach und nach ein Gefühl der Sicherheit geben, fähig, selbst aus seiner Wut herauszukommen.

Sein Vertrauen in sich selbst ist desto stabiler, je besser die Beziehung zu seiner Mutter ist, aber nicht zu ihr allein, denn es
kommen auch gute Dinge vom Vater, von der Kinderfrau, der
Großmutter und wem sonst noch. Es wäre schade, wenn nur
das »gut« wäre, das von seiner Mutter kommt, und »böse«,
was nicht sie ist oder nicht von ihr stammt. Tatsächlich kann
man beobachten, wie Kinder, nachdem sie zwischen acht und
zehn Monaten vorübergehend Angst vor fremden Gesichtern
haben, sich trauen, je nachdem, wie das Gefühl der Sicherheit
in ihnen wächst, auch mit Unbekannten in Verbindung zu treten. Sie haben die Sicherheit gebende Figur ihrer Mutter auf
Unbekannte übertragen, im Prozess der zunehmenden Ver-

trautheit mit der Umgebung, bei dem ihre innere Sicherheit nach außen verbreitet wird. Im Umkehrschluss kann man hier sehen, wie sehr der Fremde schon Prototyp des Sündenbocks ist. Die Zurückweisung, die er erfährt, hat nichts mit seiner eigenen Realität zu tun, sondern dient nur dazu, die Mutter vor negativen Gefühlen zu schützen.

Das Entscheidende, was man einem Kind gibt, ist das Urvertrauen, von dem seine Lebensfreude wesentlich abhängt.

FREUDE, DIE UNERLÄSSLICH IST

MARC FERRO: Die meisten Eltern wünschen sich, dass ihre Kinder ein reiches Leben haben, in dem sie alle ihre Möglichkeiten ausschöpfen können.

PHILIPPE JEAMMET: Die meisten Eltern können ihnen auch die entsprechenden Bedingungen bieten: Kontinuität, Vertrauen, Öffnung gegenüber anderen und dem Anderssein. Damit dies funktioniert, braucht man keine Handbücher über Kindererziehung zu lesen. Worauf man allerdings nicht verzichten kann, ist die Freude, zusammen zu sein, auch und vor allem, wenn das Kind noch ganz klein ist. Es ist nämlich niemals ein passives, nur empfangendes Objekt.

Wenn Erwachsene keine Freude daran haben, Dinge weiterzugeben, dann hakt es irgendwo. Dies betrifft nicht nur Eltern, es trifft auf alle Erzieher zu, vor allem auf Lehrer. Natürlich ist man nicht immer in freudiger Stimmung, aber man vermittelt einem Kind die Dinge in einer bestimmten Dynamik – dem Ergebnis eines Kräftespiels zwischen ihm und uns – in einem

Gleichgewicht, das sich wie jedes Gleichgewicht, je größer das Kind wird, erweitern kann, besonders in der Pubertät, in dem es neu austariert werden muss. Es kann passieren, dass Jugendliche in der Angst leben, von ihnen Gefühlen, Wünschen und emotionalen Bedürfnissen übermannt zu werden, ganz als könne ihr noch unsicheres Ich die Heftigkeit ihres Verlangens nicht beherrschen. Die Träume, die sie in diesem Alter erzählen, bringen es deutlich zum Ausdruck: Überschwemmungen, die alles wegreißen, Gerüste, die einbrechen, eine reiche Ikonographie von aus der Bahn geratenen Naturkräften, denen nur ein solider Fels widersteht, an den sich der Schläfer verzweifelt klammert. Der Fels hat seine Entsprechung in einer Elternfigur, einer schützenden und Sicherheit gebenden Bezugsperson. Man sieht, dass noch in diesem Alter das Klima des Vertrauens, das Eltern bieten, notwendiger ist denn je.

Wenn die primären Identifikationen, von denen ich gesprochen habe, solide sind, wenn sie sich innerhalb von Beziehungen gebildet haben, bei denen Freude vorherrschte – eine ruhige, ausgeglichene, friedliche Zufriedenheit im Umgang mit der Umgebung –, dann verläuft es im Allgemeinen recht gut. Es geht natürlich nicht um die Freude, die man schenkt, indem man dem Kind alles gibt, es mit Spielsachen und tausend Gegenständen überhäuft. Es ist die Freude, etwas zu tun, zu denken, sich Dinge vorzustellen in Verbindung mit einer Umgebung, von der man sich nicht abhängig fühlt, die innere Sicherheit gibt. Dies wiederum hat zur Folge, dass man gern selbst handelt und seinerseits Dinge weitergibt.

MARC FERRO: Beginnt die Weitergabe von Erfahrungen und Traditionen also schon, wenn ein Kind auf die Welt kommt?

PHILIPPE JEAMMET: Sogar schon vorher. Sie ist die teils bewusste, teils unbewusste Verbindung, die zwischen Eltern und Kind existiert. Wie sie sich vollzieht, kann man nicht beeinflussen. Unser Seelenleben muss die grundlegenden Dimensionen des Erbes integrieren: die Endlichkeit, die durch den Unterschied der Generationen gekennzeichnet ist, die Unvollkommenheit, gegeben durch den Unterschied der Geschlechter. Niemand kann sein eigenes Elternteil sein, niemand kann sich selbst zeugen. Wer das glaubt, leugnet die Wirklichkeit, und dies kann nur zu Wahnsinn oder Zerstörung führen.

Wir wissen alle, was die bilderstürmerische Haltung von Gruppen, die mit der vorherigen Generation abrechnen wollten, angerichtet hat. In Kambodscha hat man alles zerstört, um einen »neuen Menschen« zu schaffen. Im Osmanischen Reich brachte man den Kindern besiegter Völker bei, ihre toten Eltern zu verachten, die sie nicht hatten schützen können, und verlangte, dass sie den Siegern dankbar waren, selbst am Leben geblieben zu sein.

Dieser Typ von pervertierter Tradition begegnet uns auch in der Psychopathologie des Individuums, bei Kindern, die im Hass gegen ihre Eltern erzogen wurden und damit einen Teil ihrer Identität ablehnen. Im Allgemeinen sind Kinder, an die man eine solche Ablehnung weitergibt, innerlich zerrissen. Manche von ihnen schaffen es mit besonders großer Zähigkeit und Kraft, damit fertig zu werden. Sie kämpfen ja gegen einen Teil ihrer selbst, der es besser weiß. Doch die Bedrohung, dass das, dem man ausweichen will, wiederkommt, besteht immer. Auch nach einer so schmerzhaften Erfahrung kann man etwas tradieren wollen: »Ich habe meine Herkunft zwar ertragen müssen, doch jetzt bin ich der Herr der Erziehung meiner Kinder, die ertragen und annehmen müssen, was ich ihnen gebe.« Dies kann nicht funktionieren.

Pol Pot hat den neuen Menschen nicht geschaffen, und die Kinder von *Selfmademen* erleben selbst kaum solche Erfolge wie ihre Väter. Das könnte man so erklären: Im Allgemeinen bauen *Selfmademen* ihre Existenz auf, indem sie einen Teil ihrer affektiven Bedürfnisse ablehnen, besonders das, was eine früher erlittene Passivität, eine echte Phobie vor Passivität wieder beleben könnte (also eine auf das Begriffspaar Anziehung/Zurückweisung zurückgehende Angst). Dies mag zu ihrem Erfolg beigetragen haben, weil sie dadurch hyperaktiv wurden, wenig empfänglich für die Schwierigkeiten und das Leiden anderer und begierig darauf, die Dinge zu beherrschen. Die Ablehnung eigener affektiver Bedürfnisse aber macht Empathie, das heißt die Fähigkeit, solche Bedürfnisse bei anderen, besonders bei den eigenen Kindern anzuerkennen, unmöglich. Sie können nichts ertragen, das sie an ihre eigenen Wünsche als unterdrückte Kinder erinnert. Oft ist ein Sohn, in den der *Selfmademan* am meisten investiert hat, der stärkste »Opponent gegen seinen Vater«, gibt sich so passiv, lasch und unentschlossen, dass man sich fragen könnte, ob er wirklich »der Sohn seines Vaters« ist. Oder er wird rebellisch und erleidet dann das Schicksal des undankbaren, missratenen Sohns. Dieses Kind ist durchaus Kind seines Vaters, aber nur im Bezug auf das, was dieser in sich nicht sehen will; es hat gerade von der verborgenen Seite des Vaters gezehrt, denn diese ist durch die dauernde Anstrengung, die ihre Unterdrückung erfordert, zum Organisator der Beziehung geworden. Hierbei kann es sich um die Flucht des Vaters vor den affektiven Bemühungen seines Kindes handeln und die Vermeidung jeglicher emotionaler oder körperlicher »Annäherung« oder ganz im Gegenteil um exzessive Präsenz eines Vaters, der sein Kind mit allem voll stopft, das er selbst nicht bekommen hat.

Ängste besiegen

Marc Ferro: Nicht alles ist schon abgeschlossen, bevor das Kind zwei Jahre ist. Kinder werden größer, Eltern werden älter und in der Pubertät kommt es zu allen möglichen Schwierigkeiten.

Philippe Jeammet: Ich würde zuallererst fragen, ob wir den Kindern, den Jugendlichen auch wirklich zuhören. Was ich Ihnen jetzt erzähle, ist ebenso bezeichnend für die Erwartungen der Jugendlichen wie für unsere Schwierigkeiten, ihren Erwartungen gerecht zu werden. Es kommen Eltern und ihr fünfzehnjähriger Sohn zu mir, der seit kurzer Zeit in der Schule versagt. Er verhält sich äußerst provokant, versucht deutlich, von sich abzulenken, indem er dummes Zeug redet. »Ich bin für gar nichts motiviert, es hat doch eh alles keinen Wert.« Nachdem ich mit dem Kind allein gesprochen habe, versuche ich, den Eltern zu vermitteln, dass ihr Sohn sich Sorgen um sie macht, vor allem verstört ist wegen der seiner Meinung nach depressiven Stimmung seines Vaters, der berufliche Probleme hat. Da dreht der Vater sich um, zieht sein Taschentuch hervor (»Ich bin erkältet«), aber dem Jungen sind seine Tränen nicht entgangen. Dieser Mann hat zu große Angst, von seinen Gefühlen übermannt zu werden, kann sie daher nicht zeigen und ist nicht bereit, über seine augenblicklichen Probleme zu reden. Seine letzte Bastion ist der Rückzug in sich selbst, wodurch die Distanzierung gegenüber seinem Sohn noch größer wird. So erleben wir eine Kettenreaktion. Der Vater fühlt sich von seinem Arbeitsmilieu, das ihm so wichtig war, im Stich gelassen, was ihn wahrscheinlich an etwas Ähnliches erinnert, das er mit seinem Vater erlebt hat. Der Junge fühlt sich vom Vater im Stich gelassen und gibt sich in gewisser Weise selbst auf, indem er alles, was ihn vorher interessierte, nicht mehr macht.

Vater und Sohn erwarten beide gleichermaßen Hilfe von außen, zum Beispiel von einem Verwandten, der sie auf mehr oder weniger magische Weise von ihren Problemen befreien soll. Die Generationen nähern sich an, niemand weiß mehr, wer der Vater und wer der Sohn ist. Der Vater kann seine Gefühle nur mühsam beherrschen, als ich ihm erkläre, wie sehr sein Sohn um ihn bemüht ist und welche Sorgen er sich um ihn macht, was bedeutet, wie wichtig er für jemanden ist.

MARC FERRO: Weder Vater noch Sohn sind es gewöhnt, ihre Gefühle auszudrücken.

PHILIPPE JEAMMET: In der Tat. Die Lösung wäre, dass sich Vater und Sohn um den Hals fallen und anerkennen, dass jeder den anderen braucht. Doch wäre das eine zu starke körperliche Annäherung, zu emotional, um erträglich zu sein. Das Dramatische an solchen für die Pubertät so typischen Situationen ist, dass sie nach einiger Zeit immer schwerer rückgängig zu machen sind, so als ob die Negativierung ihrer Beziehungen, des Bildes von sich selbst und die Verkehrung ihrer Wünsche, Erwartungen und Interessen in ihr Gegenteil jeden Tag den Graben zwischen den Betroffenen mehr vertiefte. Je mehr sie sich in ihren Erfahrungen, ihrem Stil, ihrer Opposition ähnlich sind, desto mehr sind sie gezwungen, auf Distanz zu gehen, sich zu unterscheiden, indem sie sich in ihrem Gefängnis einsperren. Dann kann nichts mehr weitergegeben werden. Oder besser gesagt, was weitergegeben wird, ist ein Prozess der Negativierung, der bewirkt, dass aus Erwartung Verweigerung wird. Weil beide von Angst besessen sind.
Die Jugendlichen haben Angst vor ihrer Lust und ihrem Wunsch, sich das zu nehmen, was aus ihrer Sicht als Kinder den Erwachsenen beneidenswert scheint. Sie haben davor umso mehr Angst, als das, was ihnen Stärke und Macht gibt, weiterhin den Erwachsenen vorbehalten scheint, also verboten

und unerreichbar. Die Erwachsenen wiederum haben Angst, die Kontrolle über ein Leben zu verlieren, von dem sie spüren, dass es ihnen unaufhaltsam entgleitet. Dann ist die Versuchung groß, den eigenen Verlust an Einfluss auf den Lauf des Lebens mit dem Verschwinden wichtiger Werte und dem Zusammenbruch der Gesellschaft zu verwechseln.

Sind nicht die romanischen Länder, die empfänglicher für Bilder sind als für die Wirklichkeit und sich mehr als andere an Idealen und Werten orientieren, durch Veränderungen verwundbarer als die eher pragmatischen, also die angelsächsischen Länder? Besitzen Letztere nicht ein größeres Anpassungsvermögen als die, die so leicht von Idealisierung und Euphorie zu Kritik und Pessimismus übergehen?

Wenn wir den Verlust von Idealen als Zusammenbruch erleben, wenn wir das Ende des Fortschritts beklagen, wenn wir der Meinung sind, dass uns alles aus den Händen gleitet, schaffen wir uns unser psychologisches Umfeld selbst und laufen Gefahr, unserem Pessimismus zu folgen und ihn im Nachhinein zu rechtfertigen. Kann es sein, dass manche unserer Zeitgenossen die heutigen Veränderungen als Auflösung von Werten erleben, Angst vor der »Gefahr durch die Jungen« haben und sich über eine Anerkennung homosexueller Paare aufregen, weil man uns immer wieder einredet, dass unsere Gesellschaft veraltet ist? Sie sehen überall nur Zerfall und künden den Untergang unserer Gesellschaft an.

Eine solche Haltung ist nicht neu. Wissen Sie, wer Folgendes geschrieben hat? »Ich habe keine Hoffnung mehr für die Zukunft unseres Landes, wenn die Jugend von heute morgen die Herrschaft übernimmt. Denn diese Jugend ist unerträglich, hemmungslos, einfach furchtbar … Unsere Welt hat ein kritisches Stadium erreicht. Kinder hören nicht mehr auf ihre Eltern. Das Ende der Welt scheint nicht mehr fern.« Es ist der griechische Dichter Hesiod, acht Jahrhunderte vor unserer Zeitrechnung.

Gewiss besteht immer die Gefahr, dass eine Gesellschaft in sich
zusammenbricht, aber ich glaube, dass die Dauerhaftigkeit
unserer Werte größer ist, als es momentan scheint. Besorgnis
erregend ist meiner Meinung nach nicht, dass die Jugendlichen diese Werte angreifen, sondern der Orientierungsver-
lust vieler Erwachsener angesichts der Veränderungen. Sie
meinen, die Voraussetzungen für die Weitergabe seien gestört,
und fühlen sich dadurch so entmutigt, dass sie versucht sind,
die Arme sinken zu lassen und zu glauben, es sei unsinnig,
Dinge zu überliefern.
Diese Einstellung scheint mir für die Jugendlichen äußerst gefährlich, denn für sie gibt es nichts Schlimmeres als depressive
Erwachsene. Dadurch werden sie direkt auf ihre Destruktivität
verwiesen. Sie verspüren ein Gefühl der Verlassenheit, bleiben
allein mit ihrer Energie, ihrer Lust. Um ihren Wunsch nach Erfolg zu wecken und zu begleiten, brauchen sie Erwachsene, die
Konsistenz auszeichnet, die durchhalten. Die Erwachsenen
müssen der Welt ein anderes Aussehen und den Jungen die
Möglichkeit geben, Dinge zu verändern, anstatt sich auf sie,
die Erwachsenen, zu stürzen. Die Erziehung muss entschlosse-
ner sein, damit den Jugendlichen nicht ein Mehr an Verantwortung aufgebürdet wird. Damit nicht eine ganze Generation
mitten auf dem Weg allein gelassen wird, unter dem Vorwand,
dass sie sich so wenig für uns interessiert.
Die Jugendlichen »suchen uns«. Weil sie dies auf intensive
Weise tun, kann sich ihre Forderung nur durch Weigerung
oder Provokation ausdrücken. Durch Unsinn, wie der Junge
in meiner Geschichte, der alles andere war als das Mitglied einer Jugendgang. Nur scheinbar brechen sie mit uns und zeigen
uns dabei, wie wichtig es für sie ist, das Erbe ihrer Eltern zu
integrieren, damit sie später manches anders machen können.
Je besser die Vermittlung von Werten verlaufen ist, desto muti-
ger werden sie in Neuland, in *ihre* Zukunft aufbrechen.

Grenzen und Anhaltspunkte

Marc Ferro: Wenn wir von dieser Art von Überlieferung sprechen, reden wir dann nicht im Wesentlichen von Erziehung? Dabei gibt es kaum ein bedeutenderes Thema, das heute kontroverser diskutiert wird.

Philippe Jeammet: Die Erziehung, ein Ensemble von Haltungen und Worten, ist, da gebe ich Ihnen Recht, das bewusste Mittel der Weitergabe von etwas. Sie ist die Fortsetzung der stillschweigenden Überlieferung, von der ich schon sprach: Man übernimmt etwas von anderen, unterscheidet sich aber zugleich davon. Wirkliche Erziehung und Tradierung kann es nur geben, wenn der, den man erzieht, dem man alles weitergibt, auch aktiv daran beteiligt ist. Es gibt eine Erziehungsdynamik, und sie ist Ergebnis eines Spiels von Kräften, die von zwei Seiten kommen, der der Eltern und der des Kindes. Erziehung muss sich daran ausrichten, was das Kind aufnehmen kann, an seiner Bereitschaft, sich in eine bestimmte Linie einzureihen und die Dinge von sich aus weiterzuentwickeln. Erzieher und Kind stehen in einem dialektischen Verhältnis zueinander: »Was von den Vätern du ererbt, erwirb es, um es zu besitzen«, sagt Goethe.

Mitunter beschränkt sich Vererbung auf die Weitergabe von Gütern und Gegenständen. Diese können leicht verschleudert und zerstört werden, wenn sie nicht integraler Bestandteil einer Beziehung zwischen Erwachsenem und Kind sind, bei der man sich gegenseitig austauscht und Dinge und Erfahrungen miteinander teilt. Sonst nämlich wären sie nur begehrte Objekte, die man den Alten am liebsten stehlen oder zerstören würde. Genau das geschieht bei Jugendlichen, die Sportausrüstungen und Freizeiteinrichtungen zerstören, wenn sie ih-

nen zur Verfügung gestellt werden, ohne dass die notwendigen
Betreuer da sind. Nie befinden sie sich in einer aktiven Rolle.
Entweder drängt man ihnen die Dinge, die sie haben möchten,
auf, oder sie bekommen sie gar nicht und haben auch keine
Hoffnung, sie je zu erhalten.

Auch hinsichtlich Ihrer Ausführungen über die Auflösung sozialer Gruppen bin ich absolut davon überzeugt, dass, wenn es
schon keine Verpflichtung zur Überlieferung von Traditionen
im üblichen Sinn gibt, der entscheidende Punkt darin besteht,
wie die Erziehung, die wir unseren Kindern zukommen lassen,
aussieht.

Die wahre Erziehung, die selbstverständlich von möglichen
Widersprüchen begleitet ist, beginnt sehr früh. Wenn ich mich
zum Beispiel daran gewöhnt habe, auf mein Kind zu »hören«,
ihm Bonbons zu geben, sobald es weint, ihm sofort zu helfen,
wenn es Hausaufgaben machen muss, wird es glauben, dass
ich die Lösungen finden muss und nicht es selbst. So eine Haltung ist gut gemeint, kann aber dem Kind seine Wertschätzung nehmen und das Gefühl vermitteln, immer abhängig zu
sein. Oft wird das Entgegenkommen der Eltern durch das
Kind zum Scheitern gebracht, denn es verliert die Geschenke,
die man ihm gibt, oder macht sie kaputt. Es fühlt sich unbewusst überwältigt. Und es könnte Mühe haben, in sich selbst
die Kräfte zu finden, durch die es frei und unabhängig wird.
Ein Kind hingegen, das zu oft sich selbst überlassen ist, lernt es
zwar, zurechtzukommen, denn es muss ja immer wieder die
eigenen Kräfte aktivieren. Manchmal aber ist seine Einsamkeit
so schmerzlich, das es eventuell Misstrauen gegenüber anderen entwickeln könnte.

Wenn man aber ein Kind, das weint, tröstet, wenn man es
selbst nachdenken lässt (wobei man ihm durchaus ein wenig
helfen kann), zum Beispiel, wenn es Hausaufgaben in Geschichte machen muss, dann muss es eine vergessene Ge-
schichtszahl in seinem Buch selbst nachschauen. So gewöhnt

es sich daran, erst einmal selbst zu suchen, bevor es andere um
Hilfe bittet. Es erinnert sich an die Worte des Lehrers, vielleicht auch an einen Film über das Mittelalter oder einen Mu-
seumsbesuch … Mit dieser Haltung hilft man dem Kind, auf
der Grundlage des Urvertrauens seine Unabhängigkeit zu entwickeln, aber auch, seine spontanen Neigungen zu kontrollieren. Und es lernt seine Grenzen kennen.
Damit Identität entstehen kann, sind Grenzen notwendig.
Ohne dass man viel darüber reden muss, wissen Kinder, dass
sie der Liebe ihrer Eltern sicher sein können, wenn sie sich mit
der Erfüllung einiger ihrer Wünsche zufrieden geben und sich
nach bestimmten Regeln richten. So entsteht die Bindung zwischen Kind und Eltern, und nicht in einem Wirrwarr beider-
seitiger Wünsche, sondern indem man gemeinsame Werte
teilt, über die man reden, an die man sich halten kann und die
daher vermittelnd wirken können, Kritik und Weiterentwick-
lung fördern.
Die von den Erwachsenen gesetzten Grenzen verstärken die
Differenzierungsarbeit, die das Kind in die Lage versetzt, seine
Wünsche beherrschen zu lernen. Wenn es bereit ist, bestimmte
Dinge zu tun oder zu lassen, bedeutet dies keineswegs, dass es
auf alle Wünsche verzichten muss.

MARC FERRO: Hier stellt sich die Frage nach den angeblich ver-
lorenen Orientierungen, über die so viel geklagt wird.

PHILIPPE JEAMMET: Sicherlich gab es früher einen gewissen
Konsens darüber, woran man sich bei der Erziehung halten
soll. Sie haben schon darauf hingewiesen. Man machte die
Dinge eben so und nicht anders: Ein Kind nimmt sich bei
Tisch nicht zuerst, es redet nicht, ohne gefragt zu sein, ge-
horcht seinen Lehrern … Eltern dachten nicht weiter über solche Regeln nach, denn sie wussten, dass sie von allen anerkannt wurden: »Man geht nicht abends aus, bevor man nicht

soundso alt ist, man darf nicht später als soundso viel Uhr nach Hause kommen …« Seit es in diesen und anderen Fragen keine einheitliche Sichtweise mehr gibt, sind die Dinge komplizierter geworden. Alles wird zur Frage: »Willst du, dass ich vor Mitternacht nach Hause komme? Du entscheidest, aber ich sage dir, der Vater von meinem Freund hat erlaubt, dass sein Sohn später kommt.« Da die Gesellschaft nicht mehr einhellig der Meinung ist, dass Jugendliche nachts nicht draußen herumlaufen sollen, kommt es leichter zu Konflikten: Eltern und Kinder sind einander näher gerückt, ihre Wünsche kollidieren miteinander. Alle Eltern müssen darüber nachdenken, welche Grenzen sie setzen wollen. Und sie müssen in der Lage sein zu sagen, warum, weil sie sich, zumindest zum Teil, rechtfertigen und die Dinge erklären müssen. Da es keinen Konsens mehr über Erziehungsregeln gibt, können Eltern sich nicht mehr auf frühere soziale Grundregeln stützen; der erzieherische Rahmen muss immer neu abgesteckt werden.

Heutzutage werden Eltern nicht mehr idealisiert und haben, weniger als früher, festgelegte Rollen inne. Sie müssen immer mehr Fragen beantworten, werden manchmal sogar bedrängt. Ich sehe darin aber auch etwas Positives: Die Beziehungen sind ehrlicher geworden. Diese Ehrlichkeit ist Grundlage für unsere Entscheidungen als Erzieher. Ich glaube, dass Eltern, obwohl oder gerade weil einige Modelle nicht mehr existieren, mutige Erzieher sein müssen. Sie dürfen sich nicht davor fürchten, Dinge zu verbieten.

MARC FERRO: Haben Sie bemerkt, welchen Erfolg seit den Siebzigerjahren die Floskel »Das müssen wir diskutieren« hat? Es ist, als entschieden Eltern überhaupt nichts mehr, sondern machten ihren Kindern ständig Vorschläge, damit diese Entscheidungen treffen. »Du gehst einkaufen, einverstanden? Und jetzt machst du Aufgaben, okay?«

Philippe Jeammet: Wenn man Kindern die Freiheit lässt, alles ohne Einschränkung und ganz nach ihren Wünschen zu tun, dann können sie nicht mehr unterscheiden, was ihre eigenen Wünsche und welche die ihrer Eltern sind. Eltern werden zu stummen Komplizen und können keine Orientierung mehr geben. Der Freiheitsraum solcher Kinder ist so groß, dass sie nie die Gewissheit haben, ob die Dinge, die sie tun, ihren Eltern gefallen, sie sind nicht mehr sicher, was sie selbst wollen, wissen nicht, was sie interessiert. Sie müssen ihre Grenzen finden, was zu immer kühneren Aktionen führt. Eltern reagieren darauf zumeist unwillig, in jedem Fall aber wenig eindeutig und geben so keine klare und beständige Orientierung.

Wenn es keine Grenzen gibt, kann man das Anderssein des Gegenübers nicht anerkennen. Damit man aber Verständnis für andere haben kann, muss man sich vorstellen können, dass ein Anderer nicht unbedingt so empfindet wie man selbst. Diese Differenzierungsarbeit ist nicht unbedingt selbstverständlich, und wir haben gesehen, wie stark sie heute infrage gestellt wird. Sie ist zum Teil Ergebnis einer Erziehung, die sich auf die Identifizierung mit den Erwachsenen stützt und bei der die Anerkennung gewisser Grenzen eine Rolle spielt.

Auf dem Schulhof kann man besonders gut beobachten, was für Folgen es hat, wenn es keine Grenzen gibt, und wie sich dies in mangelnder Achtung vor dem Anderen niederschlägt. Schon in Kindergarten und Vorschule greift verbale Gewalt um sich, Kinder lernen es schnell, einander zu provozieren und sich durch Grobheiten zu schützen, deren Bedeutung sie zwar oft noch gar nicht kennen, um deren verletzende Wirkung sie aber bereits wissen. Da es sich um kleine Kinder handelt und nur um Worte, unterschätzen Erwachsene oft die Gewalt solcher Wortwechsel und verkennen, wie gravierend es ist, dass schon so früh das Gesetz des Dschungels herrscht und kleine Kinder lernen, dass der beste Schutz darin besteht, die anderen zuerst anzugreifen und zu verletzen.

Manche Jugendliche steigern sich heute immer mehr in solche
Aktivitäten hinein, als müssten sie fortwährend weitermachen,
bis man sie bestraft. In ihrem Verhalten kommt ihr Schuldbe-
wusstsein und der Wunsch nach Strafe zum Ausdruck. Denn
im Grunde wissen sie genau, dass sie die Erwachsenen treffen
wollen. Dass diese nicht reagieren, muss sie deprimieren und
sie, besonders wenn sie zu wenig Zuneigung erfahren, in eine
verzweifelte Flucht nach vorn treiben, bei der sie sich durch
ein trügerisches Gefühl der Straflosigkeit vor Depressionen
schützen.

Mir scheint, dass man mit Maßnahmen wie der Forderung,
höflich miteinander umzugehen, und dies nicht nur zwischen
Erwachsenen und Kindern, sondern auch unter den Kindern
selbst, leicht auf Grenzen verweisen kann, vorausgesetzt, dies
geschieht vom Kindergarten an und die ganze Schulzeit hindurch, bevor Kinder in die Pubertät kommen. Dann nämlich
ist es meistens zu spät. Dies setzt allerdings voraus, dass auch
die Erwachsenen vor dem Kind Achtung haben. Höflichkeit
ist ein Zeichen für die Aufmerksamkeit, die man einander
schenkt, auch Erwachsene den Kindern.

Eine der wichtigsten Forderungen von Gymnasiasten ist: »Die
Lehrer sollen uns respektieren.« Selbst wenn dies manchmal
zum Teil eine Art Rechtfertigung ihrer eigenen respektlosen
Haltung ist.

DAS BÜNDNIS MIT DER SCHULE ERNEUERN

MARC FERRO: Soll man denn jetzt die Schulhöfe, so wie in den USA, überwachen? Sie waren doch immer der Ort, an dem sich die Energie der Schüler nach der körperlichen Einengung und geistigen Mobilisierung im Klassenraum frei entfalten konnte. Ein Ort, an dem es Helden gab, meistens diejenigen, die im Unterricht nicht die besten waren. Hier wurden Werte umgekehrt, Parameter verändert. Jetzt werden Sie vielleicht sagen, dass man nicht die perversen Nebenwirkungen erkannte, die das hatte …

PHILIPPE JEAMMET: Schulhöfe galten immer als Ort der Sozialisation. Heutzutage aber, wo viele Eltern ihre Werte nicht mehr zu schützen wagen oder daran gehindert werden, vor allem den Respekt vor anderen, würden Erzieher gern mehr Kontrolle ausüben.

MARC FERRO: Ich gebe Ihnen nicht Unrecht, möchte aber dazu etwas anmerken: Die Maschen des Netzes, das unsere Gesellschaft umgibt, werden immer feiner, der Einzelne wird immer früher von ihnen umgeben. Die Kinder erfahren sehr früh eine Anspannung, die vor allem mit der Schule zu tun hat und von der die Eltern zu Hause häufig reden. Heute nehmen viel mehr Einrichtungen Einfluss als früher. Damals wurde man vom Vater, der Mutter, dem Lehrer und dem Pfarrer beaufsichtigt. Heute sind es Kinderarzt, Psychologe, Erziehungsberater, Berufsberater … Verbote gibt es immer weniger, trotzdem nimmt der Stress zu.
Ich bin empört darüber, wie wenig die Kinder heutzutage an unseren Schulen noch beaufsichtigt werden. Da ist man wesentlich lockerer geworden und tut für ihre Sicherheit reich-

lich wenig. Allerdings wirkt man zumindest darauf hin, dass
die Lehrer sich nicht mehr ganz selbst überlassen fühlen.

PHILIPPE JEAMMET: Dies geschieht ganz zu Recht. Es ist wichtig, dass der Zusammenhalt zwischen Lehrern größer wird
und eine gute Atmosphäre zwischen ihnen herrscht. Von einer
bestimmten Zahl an kann nur durch Gruppen Kohärenz entstehen und nicht durch Zusammenballung von Individuen.

MARC FERRO: Da sind wir ja endlich mal nicht derselben Meinung. Wahrscheinlich, weil wir verschiedenen Generationen
angehören. Man lässt heute ungern den Gedanken zu, dass
mehr Personal in den Schulen von Vorteil wäre. Wenn jemand
die Kinder, wenn sie die Schule betreten, begrüßen und überwachen würde, würden sie nicht mehr wie eine wilde Meute in
die Klassenräume stürmen. Es geht nicht nur um Wahrung
von Disziplin, sondern auch um die Anzahl an Personal. Inzwischen gibt es Schulen ohne Hausmeister. Die Lehrer müssen zu viele Aufgaben allein erfüllen. Sie sind die Lehrenden,
die Pädagogen, die Aufpasser und Onkel und Tante, die auf
die Kinder aufpassen, wenn die Eltern sie nicht rechtzeitig abholen.
Die Theorien, nach denen Kinder Gelegenheit haben müssen,
sich auszuleben, haben zu schlimmen Exzessen geführt. Ich
kenne einen Zwölfjährigen, der seine Mutter aufforderte, gegen den Schuldirektor zu klagen, weil man »nicht mal mehr in
der Klasse reden darf«.

PHILIPPE JEAMMET: So unterschiedlich sind unsere Auffassungen gar nicht. Ich kenne eine Dame, die leider bald in Pension
geht. Sie arbeitet in einem Pariser Vorort, in dem es viele Probleme gibt, und steht morgens am Schuleingang, wenn die
Schüler und Lehrer hereinkommen. Sie ist freundlich und aufmerksam; sie braucht die Schüler nur anzusehen und schon

nehmen sie sich einigermaßen zusammen. In dieser Schule gibt es, soweit ich verstanden habe, weniger Gewalt als anderswo, und ich glaube, das Charisma dieser Frau hat seinen Anteil daran. Dadurch, dass sie jeden Tag da ist, haben die Erwachsenen einen gewissen Zusammenhalt und der gibt den Jugendlichen Sicherheit.

Wir arbeiten als Psychiater in solchen Schulen. Die Erfahrung zeigt, wie unterschiedlich die Atmosphäre ist, je nachdem, ob der Direktor mit den Lehrern zusammenarbeitet oder nicht oder ob er sich überfordert fühlt, sich in seinem Büro verschanzt und jeden mit dem, was Sie zu Recht eine Meute nennen, allein lässt. Andererseits stelle ich fest, dass die Lehrer Einzelkämpfer sind und wenig solidarisch mit ihren Kollegen. Kann eine solche Haltung den Anforderungen einer Massenerziehung, wie sie in den Sechzigerjahren beschlossen wurde, gerecht werden?

Die Zunahme der Schülerzahlen hat zu starken Qualitätsänderungen geführt. Wie schon gesagt, heute gehen nicht mehr nur ein paar Privilegierte in die höhere Schule, sondern es ist eine Verpflichtung für sehr viele. Die meisten erfahren dies nicht als Chance, sondern als auferlegten Zwang. Viele geraten gegenüber den anderen in ihren Kenntnissen bald in Rückstand. Sie gehen unter Zwang in die Schule und wissen, dass ihre Schwächen dort bald offenbar werden. Sie erfahren dann, dass sie mit ihren Kameraden nicht mithalten können, aus verschiedensten Gründen, familiären, sozialen etc. Das ist verletzend für sie. Hier bedarf es einer persönlichen Beziehung, zugleich einer Arbeit in Gruppen, denn wie in einer Familie, in der die Eltern sich streiten, wird die Einheit der Kinder durch fehlende Harmonie um sie herum gefährdet.

Die Schule und ihre Erziehung werden noch viel zu oft als Zusammenballung individueller Fähigkeiten betrachtet und nicht als ein Ganzes, dessen Zusammenhalt wichtig ist. Disziplin in diesen Einrichtungen von manchmal unmenschlicher

Größe kann nur aus kollektiver Aktion entstehen, und zwar
auch dann, wenn das Charisma eines Einzelnen diesen Prozess
manchmal erleichtert. Ich glaube, dass es heute sehr schwer
ist, in einer Schule allein dazustehen. Selbst wenn man die
Zahl der Lehrer vergrößert – was psychologisch und von der
Sache her wünschenswert ist –, so nützt dies nicht viel, wenn
die Lehrer sich nicht gegenseitig helfen, wenn sie nicht gemeinsam darüber nachdenken, was Disziplin sein muss, und
nicht wissen, wie sie auf Fehlverhalten reagieren sollen. Auch
gemeinsames Nachdenken über ihre pädagogische Methode
ist wichtig, denn sonst kommt es zu Gräben zwischen den
Lehrern und die Schüler fallen hinein.

Die Zeiten, in denen das Gymnasium aus Einzeldisziplinen
und deren Vertretern bestand, die jeweils ihr Wissen weiterga-
ben, sind vorbei. Heute hängt das Funktionieren einer solchen
Einrichtung davon ab, ob die Lehrkräfte gemeinsam ausarbei-
ten, in welchem Rahmen sich ihre Arbeit abspielt. Dies ist
mehr als ein allgemeines Reglement. Dabei darf es nicht zu einer Vermischung von Funktionen kommen, eine Gefahr, auf
die Sie hingewiesen haben. Die Lehrer sind nicht dazu da, die
Eltern oder den Psychologen zu ersetzen, sie müssen unterrichten. Aber der Unterricht darf bei der großen Menge von
Schülern nicht nur Informationsaustausch sein, ohne zu berücksichtigen, dass es um eine privilegierte Begegnung zwischen Erwachsenen und Jugendlichen geht. Man muss begreifen, was diesen Austausch belebt, und sich ein wenig in der
Psychologie Jugendlicher auskennen, die Erwartungen an Erwachsene haben und oft paradox reagieren. Auch wenn der
Lehrer Lehrer bleibt, ist er doch immer noch ein Mensch.
Sonst könnte man ihn durch Computer ersetzen. Die erzieherische Funktion des Grundschullehrers von früher ist immer
noch aktuell, selbst wenn sie im Verhalten auf unterschiedliche
Weise zum Ausdruck kommt. Die menschliche Dimension des
Lehrerberufs muss vom Lehrer selbst ausgehen, unterstützt

und geschätzt von allen gemeinsam, die Kinder und die Verwaltung können sie nicht initiieren.

MARC FERRO: Davon bin ich überzeugt.

PHILIPPE JEAMMET: Um eins klarzustellen: Es geht nicht nur um Quantität, es genügt nicht, mehr Lehrer einzustellen, auch wenn es wichtig und notwendig ist.

MARC FERRO: Ich glaube, es hat Priorität.

PHILIPPE JEAMMET: Vielleicht wird durch mehr Personal die Qualität besser.

MARC FERRO: Ich meine mit mehr Personal vor allem Sportlehrer, Ärzte, Leute, die Kultur vermitteln, alles Mögliche.

PHILIPPE JEAMMET: Glauben Sie, dass sich zwischen Eltern und Lehrern ein sozialer Konsens wiederherstellen lässt? Die Anstrengung, die der Versuch erforderte, die Bildungspolitik einer sich ständig verlängernden Schulzeit und damit einem immer höheren Bildungsniveau anzupassen, wurde unterschätzt und auch die Fähigkeit der jüngeren Generationen, kritisch zu denken. Welche Folgen es hat, dass ein Teil der Bevölkerung, der früher keinen Zugang zur Bildung hatte, heute daran partizipiert, hat man bisher noch nicht ermessen. Man hat die Demokratisierung der Schule für ein banales Phänomen gehalten.
Andererseits wurden auf dem erreichten allgemeinen Niveau die Unterschiede umso deutlicher gemacht, als man früher keine Vergleichsmöglichkeiten hatte. Niemand verglich das Wissen eines Menschen, der nur die Grund- und Hauptschule besucht hatte, mit dem eines Abiturienten oder Studenten. Heute sieht man die Unterschiede durch den allgemeinen Zu-

gang zur höheren Schulbildung klarer, ebenso wie die Einführung der allgemeinen Schulpflicht seinerzeit Aufschluss über
den Bildungsstand der Bevölkerung gab.

Wir haben allzu idealistische Vorstellungen von Gleichheit.
Wir sind noch weit von ihr entfernt, doch hat der Zugang zur
höheren Schulbildung der Mehrheit der Schüler neue Dimensionen eröffnet, auch wenn dies nicht für alle gleich günstig
verlaufen ist. Außerdem neigen wir dazu, immer nur das Leis-
tungsgefälle zu sehen, und würdigen zu wenig die beträchtli-
chen positiven Auswirkungen dieser Öffnung hin zu einer außerhalb der Familie liegenden Welt.

Natürlich müssen wir uns von einem einheitlichen Unter-
richtsmodell verabschieden. Es kann nicht für alle dasselbe
gelten, wenn Veranlagungen, Wünsche und Fähigkeiten verschieden sind. Ich stoße hier vielleicht auf eine Art Leitmotiv,
das bei meinen Überlegungen immer wieder auftaucht, nämlich auf die Versuchung des Menschen, ein ideales Modell zu
finden, das dem Wunsch, die Dinge zu beherrschen, entspricht. Zur Demokratisierung gehören aber vor allem Anerkennung der Unterschiede und deren positive Umsetzung, indem man, ausgehend von einer gemeinsamen Grundlage, verschiedene Lernformen und Methoden zulässt, die so weit wie
möglich der Vielfalt von Begabungen entsprechen. Auch eine
höhere Durchlässigkeit der verschiedenen Ausbildungswege
gehört dazu, sodass junge Menschen nicht für immer auf eine
Art zu lernen festgelegt werden, die für sie nur eine Zeit lang
sinnvoll war.

Sich vor allem anderen zu verschließen ist der Preis dafür, nur
einem Ideal zu folgen bzw. etwas vollständig beherrschen zu
wollen, wo solche Fixierung dann als Schutzmäntelchen dienen kann. Freilich sind Ideale auch immer wichtige Verände-
rungsfaktoren. Die Geschichte beweist es. Aber das Ideal kann,
da es sich leicht von der Realität ablöst, zum Werkzeug von
Machtgier werden. Dann dient es nicht mehr der Mobilisie-

rung, der Öffnung des Horizonts und größeren Freiheiten, sondern ruft Zwänge hervor. Man sollte also nach immer mehr Öffnung und Vielfalt suchen.

Die Probleme von Überlieferung und Erziehung lassen sich nicht auf einen Schlag lösen. Dazu bedarf es eines längeren, flexiblen Prozesses, der Änderungen mit einschließt. Kohärenz ergibt sich dabei von selbst.

Echte Erziehung kann auf Dauer und Kohärenz nicht verzichten. Darüber hinaus: Erziehung vollzieht sich nicht in aller Öffentlichkeit, ist nicht konkret »sichtbar«, weshalb sie politisch und ökonomisch auch nicht bewertet werden kann. Niemand sieht, was Erzieher oder Familienmütter tun (oder unterlassen). Es ist wie mit der Gesundheit, über die nur geredet wird, wenn es einem schlecht geht.

Gibt es Lärm auf der Straße, rufen alle: »Was machen bloß die Erzieher?« Dabei weigert man sich aber einzuräumen, dass ihre Arbeit nur in Ruhe, in einer relativ ungestörten Kontinuität stattfinden kann. Lehrer sollen sich in ihrem Fach bewähren, und niemand will wissen, wie viel Geduld, Ausdauer und Engagement aufgebracht werden muss, um Jugendliche überhaupt zu motivieren. Hinzu kommt, dass das Ansehen der Lehrer gesunken ist. Und dies, obwohl sich viele Lehrer der Bedeutung ihres Berufes wieder bewusst sind.

MARC FERRO: Sie sind sich ihrer Aufgabe bewusst. Das ist äußerst wichtig. Bevor wir uns trafen, hatte ich mich nicht besonders mit der Frage, was wir an die Jüngeren weitergeben und wie wir es am besten tun, beschäftigt. Mir ist klar geworden, dass für mich eine solche Weitergabe oder Vermittlung weitgehend horizontal verläuft und dass sie in Ihren Augen vor allem vertikal angelegt ist. Ich habe das Gefühl, dass ich durch meine Überlegungen und meine Art, Dinge zu sehen und zu formulieren, mehr Einfluss auf meine Schüler als auf meine Kinder und Enkel hatte. Ehemalige Studenten rufen mich nach dreißig, vierzig Jahren an und sagen: »Ihnen verdanke ich, dass ich mich dieser Arbeit zugewandt und mich in diesem Feld weiterentwickelt habe.« Also habe ich etwas weitergegeben.

PHILIPPE JEAMMET: Das ist wahr. Deshalb ist sehr wichtig, dass alle Lehrenden wieder aufgewertet werden. Die Schule durchläuft eine Krise, aber diese beruht, wie ich meine, vor allem darauf, dass sie sich selbst falsch darstellt. Seit einigen Jahren zweifelt die Schule je mehr an sich, desto stärker die Eltern sie infrage stellen. Dabei wird sie ihrer Aufgabe durchaus gerecht, auch wenn manche scheitern. Aber wie sollte es das nicht geben, wenn man bedenkt, welche Veränderungen die Schule durchmachen musste?
Heute geht eine Mehrheit davon aus, dass man sich mit Lehrern nicht mehr wegen ihres sozialen Status identifiziert, sondern wegen ihrer Fähigkeit, Schüler zu begeistern und ihnen den Weg zu Wissen und Kultur zu ebnen. Genau das ist der Punkt!

MARC FERRO: Für die Schüler ist wichtig, dass sie mit ihren Lehrern gern zusammen sind.

EINE IDEALE ERZIEHUNG GIBT ES NICHT

MARC FERRO: Wir haben gesehen, wie schädlich manche Erziehungsmoden waren. Ich glaube, heute fragen sich fast alle Eltern und sehr viele Lehrer, wie man ein guter Erzieher sein kann.

PHILIPPE JEAMMET: Leider kann jede Erziehung entarten. Bestimmte Haltungen und angewandte Regeln können, statt dazu beizutragen, andere zu erziehen, diese vereinnahmen. Wenn sich ein Kind vollkommen mit jemand anderem identifiziert, ganz gleich ob Eltern oder Lehrer, und keine Rückzugsmöglichkeiten hat, wird es der andere. Es ist seiner Macht ausgesetzt. Wir alle kennen jene wohlmeinenden Mütter, die ihre Kinder entfremden, weil sie alles an deren Stelle leben. Vielleicht tun sie dies, um einen Platz zu finden, den sie bei ihrer Mutter oder ihrem Vater niemals hatten oder nicht gehabt zu haben glauben, und so wird das Kind zum Ort der Eroberung dessen, was die vorherige Generation nicht erleben konnte.

Richtig verstandene Erziehung versetzt Kinder ebenso wie Erwachsene in die Lage, sich zu trennen und zu begreifen, dass Trennung nicht mit Zerstörung gleichzusetzen ist. Deshalb muss das Kind sich seiner Ambivalenz bewusst sein und sich, wenn notwendig, sagen können: »Ich liebe meine Mutter, aber manchmal belastet mich diese Liebe und Abhängigkeit und ich möchte sie loswerden können.« So kann es seine Aggressivität relativieren, braucht keine Angst davor zu haben, denn es weiß ja, dass diese Aggressivität die Qualität der bestehenden positiven Bindungen nicht zerstört. Lebt es aber ständig mit der Angst, böse zu sein, etwas Schlimmes zu tun, kann es sich nicht in aller Ruhe von jenen trennen, die es liebt, in der Gewissheit, sie wieder zu finden. Wie wir schon gesehen haben, bringt eine solche Angst die Betroffenen dazu, sich aneinander zu klammern, in einem Teufelskreis, in dem man, je mehr man darin steckt, umso größere Angst hat, einander zu verlieren.

Alle Erziehungsformen haben ihre Wurzeln in den Erfahrungen der Kindheit. Das Klima dieser Jahre bestimmt den Grundton der Erziehung, die die Eltern praktizieren und die Lehrer in der Schule fortsetzen. Es kann passieren, dass dieses Klima, ohne dass die Eltern daran schuld wären, keine gute

Ausgangsbasis ist, und man kann nicht leugnen, dass manche Erziehungsweisen gefährlich sind.

Wir haben betont, wie wichtig es ist, deutlich Grenzen zu setzen, aber man muss sehr wohl einen Unterschied zwischen Begrenzen – oder Verbieten – und Demütigen machen. Man kann ein Kind ermahnen, wenn es eine Dummheit gemacht hat, und sagen: »Ich hatte dir doch gesagt, das nicht zu tun, und dir auch gesagt, warum.« Aber wenn man losschreit: »Schon wieder! Du bist wirklich total unfähig!«, dann wechselt man das Register, gibt ein negatives Urteil ab, nicht über die begangene Tat, sondern über den Wert des Kindes. So demütigt man es und trägt dazu bei, dass seine Unsicherheit und sein Mangel an Selbstvertrauen größer werden.

MARC FERRO: Es ist immer schlimm, seine Kinder oder Schüler nicht zu respektieren.

PHILIPPE JEAMMET: Wie viele Lehrer sind sich nicht klar darüber, was sie den Kindern antun, wenn sie Urteile wie »Ihr taugt nichts!« abgeben, statt die Arbeit der Kinder zu bewerten. Ebenso verhält es sich mit Richtern, die, anstatt den Inhalt des Gesetzes in den Mittelpunkt zu rücken, nicht umhinkönnen, demütigend über die Person eines Angeklagten oder seine Familie zu reden. An ein Verbot zu erinnern kann zwar sofortige Wut zur Folge haben, doch ist diese schnell vergessen, denn nur die Peripherie eines Menschen wurde berührt. Demütigung hingegen trifft den Menschen ins Herz und hinterlässt Spuren von Scham und Hass, die nur schwer vernarben und zu Rachegelüsten führen können.

Andere Eltern tun genau das Gegenteil. Sie haben solche Angst vor dem Urteil ihrer Kinder, dass sie ständig von ihnen einen Beweis brauchen, was für »gute Eltern« sie sind. Dabei werden die Rollen verkehrt. Sie vergessen, dass Kinder oder Jugendliche Gelegenheit haben müssen, sich an ihren Eltern zu reiben,

um Abstand zu finden und sich zu unterscheiden. Wie sollen
sich Kinder vorstellen können, selbst besser zu werden, wenn
ihre Eltern immer selbst perfekt sein wollen?

Hier begegnen wir wieder der »Verelterlichung« der Kinder,
welche die gegenseitige Abhängigkeit verstärkt und äußerst
verwirrend ist, da die Beziehungen zwischen den Generationen umgekehrt werden. Ebenso verhält es sich, wenn Eltern
ihren Kindern vertrauliche Dinge erzählen, als wären es Freunde, und sie zu früh in die Angelegenheiten der Erwachsenen
einweihen. Für viele allein stehende Mütter ist diese Versuchung groß, denn sie glauben oft, sie hätten niemand anderen,
dem sie ihre Sorgen anvertrauen können.

Soziale Rituale haben an Wert verloren. Dies ist nicht unbedingt
falsch, denn oft engten diese die Menschen ein und wurden in
gekünstelter Form bei den Beziehungen zwischen Eltern, Lehrern und Kindern ins Spiel gebracht. Sie waren auch oft Vorwand für eine bestimmte Art der Gewalt von Erwachsenen gegenüber Kindern. Geht man jedoch zum anderen Extrem über,
dann kommt man der Abschaffung des Unterschieds zwischen
den Generationen sehr nahe, der dem Kind einen eigenen
Lebensraum gewährt. Wie vielen Erwachsenen fehlt es, weil sie
sich selbst verloren fühlen, an innerer Stärke und der richtigen
Verfügbarkeit für die Kinder. Sie lassen sie an ihren Spannungen, ihrer Angst und Aggressivität teilhaben. Dies kommt in
Familien vor, die Probleme haben, aber nicht nur dort.

Dass heute der Abstand zwischen den Generationen verloren
geht, scheint mir mehr Probleme zu bereiten als der angebli-
che Werteverfall. Allzu große Nähe kann zu gefährlichen Situationen führen. Einige haben wir schon erwähnt. Zum Beispiel wenn ein allein erziehender Elternteil eine so enge sym-
biotische Beziehung mit dem Kind eingeht, dass in der Pubertät die Fragwürdigkeit der Beziehung durch einen möglichen
Inzest verschärft werden könnte. Ich staune immer noch darüber, wie oft Eltern unter verschiedensten Vorwänden ihr

Kind zu sich ins Bett nehmen, es in ihrem Schlafzimmer schlafen lassen oder bei ihm in seinem Zimmer schlafen – und dies
oft bis zu einem vorgerückten Alter, wenn schon erste Anzeichen der Pubertät zu erkennen sind. Die Folgen sind nicht immer tragisch, aber von Vorteil ist es keineswegs und oft spürt
man die negativen Folgen in der Pubertät. Dann hat das Kind
das Bedürfnis, eine Distanz herzustellen, und es verbirgt das
zweideutige Vergnügen dieser Situation vor sich selbst mit den
schon erwähnten bevorzugten Mitteln: Oppositionsverhalten
und körperlichen Beschwerden.
Auch zu große Nachgiebigkeit der Eltern kann gefährlich sein,
denn dann werden sie zu Komplizen der Kinder. Sie rauchen
Joints mit ihnen, amüsieren sich, wenn die Kinder im Laden
klauen, als sei das ein guter Witz … Wo sind die Grenzen? Der
Wunsch, nachsichtig zu sein, veranlasst manche Eltern, deren
Kind eine Psychotherapie verordnet wurde, zur selben Zeit
auch zum Therapeuten zu gehen, um, wie sie sagen, seine Erfahrung aus nächster Nähe mit ihm teilen zu können.
Was ich hier beschreibe, ist vielen Eltern bekannt, denn seit einigen Jahren ist viel über die Entwicklung von Kindern veröffentlicht worden. Manchmal mit unerwarteten Folgen: Die Eltern
wurden dadurch nicht beruhigt, sondern verunsichert. »Ich
kann mein Kind nicht erziehen, weil ich arbeite, weil ich müde
bin, weil ich ihm nicht genügend Zeit widme«, beklagen sich
die Mütter. »Ich kann nicht mithalten, ich habe nicht genug
Autorität«, sagen verzweifelt die Väter. Diese Beunruhigung ist
besonders häufig, wenn Kinder in die Pubertät kommen.

MARC FERRO: Wie kann man nur der Meinung sein, dass sich
alles nur im Rahmen der Familie abspielt.

PHILIPPE JEAMMET: Sie haben Recht. Wir Eltern neigen dazu,
uns selbst zu wichtig zu nehmen und den Fähigkeiten des Kindes nicht genug zuzutrauen. Es weiß sehr bald, woher es be-

kommt, was es braucht, und kann auch schnell andere Bindungen eingehen.

Das Kind braucht die Gegenwart seiner Eltern nicht rund um die Uhr. Sie müssen für es da sein, aber nicht ununterbrochen. Es braucht Begleitung, aber nicht, dass man ihm alles aus nächster Nähe, innerhalb der Familie vermittelt. Wir sehen doch, dass Kinder in der Schule, bei ihren Freunden etwas entdecken, was sie von ihren Eltern nicht annehmen könnten. Wir haben alle Jugendliche erlebt, die sich bei anderen vorbildlich verhalten und dafür von diesen gelobt werden, zu Hause aber wenig erträglich sind, ganz als müssten sie weit vom Blick der Eltern entfernt sein, um zeigen zu können, was sie von ihnen gelernt haben. Oft zeigt sich nach dem Tod eines Elternteils erst die Ähnlichkeit eines Kindes mit ihm in aller Deutlichkeit, sei es in der Art zu reden, seiner Haltung oder in seinen Überzeugungen.

Glücklicherweise ist die Formbarkeit eines Kindes so groß, dass es das, was vorher bei ihm nicht gefestigt war, später noch kompensieren kann. Die Heilung einer depressiven Mutter zum Beispiel kann zu einer neuen, gut verlaufenden Bindung führen. Das Kind wird – dies halte ich für besonders wichtig –, wenn es größer ist, mit einer vielfältigen Umgebung in Berührung kommen und Bindungen mit anderen eingehen: der Erzieherin im Kindergarten, der Lehrerin in der Grundschule, seinen Freunden. Es wird sich selbst als unvollständig, verschieden und wertvoll anerkennen. Nichts ist je verloren.

Wir hatten die Gelegenheit, Kinder von seelisch Kranken kennen zu lernen. Die traumatische Wirkung des Familiendramas lässt offenbar nach, wenn Kinder in der Lage sind zu sagen: »Papa (oder Mama) ist krank.« So wird es möglich, Abstand zu gewinnen, und das Kind erlebt die Krankheit nicht als Schicksal, das auch ihm selbst eines Tages unausweichlich droht. Es ist wichtig, dass solche Kinder spüren, dass das Leben nicht auf die Situation ihrer Eltern beschränkt ist.

MARC FERRO: Und Kinder, deren Eltern von Arbeitslosigkeit und schwere finanziellen Problemen geplagt sind?

PHILIPPE JEAMMET: Eine solche Situation ist besonders schwierig, vor allem, weil die Eltern sich entwertet fühlen und dieses Drama als persönliche Niederlage erleben. Doch können die Eltern diese Herausforderung durchstehen, ohne den Kindern zu vermitteln, sie seien aus schlechtem Holz geschnitzt. Gerade außerhalb der Familie findet sich oft ein Weg, der in die Zukunft weist, auch ohne dass man deswegen mit seinen Eltern brechen und Schuldgefühle empfinden muss. Das Leben unserer Kinder ist nicht auf das unsere beschränkt. Sie werden ihren Weg machen, auf uns gestützt, aber mit anderen. »Drei verschiedene Erziehungen werden uns zuteil, die sich voneinander unterscheiden und sich ergänzen: die unserer Väter, die unserer Lehrer und die der Welt«, schrieb Montesquieu. Das Entscheidende, was Erziehung leistet, ist nicht so sehr, Inhalte zu vermitteln, »fertige Lebenspatente«, sondern die Lebensfreude der Kinder zu stärken. Den Inhalt können auch andere bestimmen – Lehrer, Freunde, die Kultur –, ohne dass dies bedeutet, dass die Eltern nicht da waren oder dass sie gescheitert sind. Im Gegenteil.
Es gibt zwei grundlegende Entwicklungslinien: Um man selbst zu sein, muss man von anderen zehren und sich zugleich von ihnen unterscheiden. Aber wie kann man von anderen zehren, ohne sich mit ihnen zu verwechseln?
Die Diversität zwischen den Eltern bietet einen Ausweg aus diesem Paradox: »Ich bin wie Papa und Mama zugleich, und da beide sehr verschieden sind, darf auch ich verschieden sein, einen Wert haben.« Dies ermöglicht es jedem Kind, frei zu verfahren, wenn es Dinge verinnerlicht und sich selbst aneignet.

7. Kapitel

Vertrauen wir dem Weltgeist

Marc Ferro: Sie haben gesagt, dass es keinen Konsens mehr gibt. Die Familie hat sich stark verändert. Obwohl man immer noch an ihr festhält, spielt sie nicht mehr dieselbe Rolle in der Gesellschaft. Kann sie etwas weitergeben, und wenn, was ist es?

Philippe Jeammet: Ja, sie kann es. Jeden Tag stelle ich fest, wie wichtig familiäre Bindungen und Wurzeln sind, und dies an der Art und Weise, wie Eltern sie ausleben. Die Einstellung zum Leben, zu anderen Menschen, zur Gesellschaft hängt davon ab, was für Bindungen man in seiner familiären Umgebung hatte.

Marc Ferro: Die Familie gibt Dinge weiter. Inwieweit aber kann ihr Vorbild den Jugendlichen im sozialen Dschungel nützen? Was kann ich meinen Kindern oder Enkeln raten, wo ich doch genau weiß, dass mein Modell nicht mehr funktioniert? Ich kann ihnen doch nicht sagen: »Macht nichts, wenn ihr durchs Examen fallt, ihr werdet ja doch ganz anders leben.«

Philippe Jeammet: Niemand kann Erfolg haben, ohne Lehrgeld zu zahlen. Man kann nicht auf Lernen verzichten. Aber was soll gelernt werden? Wir begegnen heute Jugendlichen, deren Wissenslücken erstaunlich sind – zum Beispiel in Rechtschreibung –, und doch sind sie sehr erfolgreich und dabei wirklich kreativ.

Hier haben sich die Modelle verändert. Nicht alle müssen
mehr demselben Muster folgen, damit ihnen Erfolg garantiert
ist. Früher musste man ein bestimmtes Studium absolvieren,
in Literatur, Mathematik oder Sprachen versiert sein ... In
manchen Bereichen spielt das keinerlei Rolle mehr, in anderen
doch. Das Modell hat sich verändert, Unterschiede sind möglich, nur die Notwendigkeit zu arbeiten besteht weiterhin. Die
Formen werden anders sein, und die Kriterien, nach denen
man die Ausbildung eines Einzelnen beurteilt, müssen diffe-
renzierter sein als heute. Freilich ist diese Veränderung nicht
nur positiv, aber dieses »andere«, das gewiss seine Grenzen
hat, hat auch seine guten Seiten. Im Bereich der Wissenschaft
leisten junge Forscher äußerst positive Arbeit und bringen
Spitzenleistungen hervor, allerdings bei völliger Unkenntnis
anderer wichtiger Bereiche ihres Fachgebiets. Mich macht das
ein wenig stutzig, denn die humanistische Kultur, der ich mich
zurechne, ist universaler angelegt. Ich gebe jedoch zu, dass ich
von manchen Ergebnissen dieser Forscher beeindruckt bin.

Marc Ferro: Und was halten Sie von ihrer Einstellung zum
Leben?

Philippe Jeammet: Ich weiß zu wenig darüber. Ich sehe jedoch, dass sie, anstatt zu warten, bis sie vierzig sind, um ihre
Doktorarbeit vorzulegen, schon mit fünfundzwanzig qualifi-
zierte und anerkannte Arbeiten vorlegen: Sie kennen Nachbar-
disziplinen nicht, doch scheint es ihnen nicht viel auszumachen. Denn schließlich sind dort andere wie sie, die ebenfalls
forschen, produktiv sind und weiterkommen. Durch das Internet treten sie miteinander in Verbindung und können sich
ohne Mühe und Gewinn bringend austauschen.
Unsere Zeit bietet individuellen Leistungen wichtige Perspek-
tiven, immer mehr verfeinerte Kompetenzen werden genutzt.
Doch ist auch diese Vielfalt eine Quelle der Angst, da es nicht

mehr so feste Markierungspunkte gibt wie Examina und bestimmte Laufbahnen. Es gibt sie noch, aber sie sind nicht mehr maßgeblich, sodass individuelle Wege möglich sind.

WIE WIR UNSEREN KINDERN HELFEN, DEN SCHRITT INS LEBEN ZU GEHEN

MARC FERRO: Die Hauptsorge der Eltern und Jugendlichen ist der wirkliche Eintritt ins Leben. Und in einer Situation, in der die Kinder mit Institutionen zu tun haben, die im Begriff stehen, sich zu verändern, haben die Eltern allen Grund, sich Sorgen zu machen. Früher kannte man eben die Rahmenbedingungen: Gesetze und Vorschriften, die den Zugang zum Bildungssystem regelten, beschränkte Aufnahmekapazitäten, soziale Milieus, in die man eingelassen wurde oder nicht.
Heute müsste man mehr denn je schnell in einen anderen Bereich wechseln können, doch bedarf es hoher Flexibilität, um Ausbildungswege dem Rhythmus anzupassen, in dem sich die Arten, die Wirklichkeit kennen zu lernen, verändern. Im Bereich des Sozialen ist nichts unveränderlich, nichts von Dauer. Wie soll man einen neuen Weg gehen, wenn man von anderen Wissensgebieten oder Betätigungsbereichen abgekoppelt ist? Wenn man zum Beispiel als guter Philosoph anerkannt ist, aber ansonsten jeglicher Bildung ermangelt?
In Deutschland hat man heute schon alle möglichen Wege erdacht, um die Massenausbildung in das Wirtschaftssystem zu integrieren, wobei der Einzelne in den USA wohl die besten Möglichkeiten besitzt, sein Leben zu ändern, je nach den

Schwierigkeiten, auf die er stößt, je nach den Gelegenheiten, die sich ihm bieten.

Ich bin kein Amerika-Fan, aber in den USA gibt es eine Art konkreter Demokratie, die in unseren »aristokratischen« Gesellschaften in Frankreich, Deutschland, Italien oder Spanien nicht funktioniert. Ich habe mehrfach in den USA gearbeitet. Die »niederen« Ränge einer Universität oder eines Forschungsinstituts dürfen an prestigeträchtigen Festlichkeiten ebenso wie die Direktoren teilnehmen, weil sie eine Eintrittskarte gelöst, d.h., weil sie bezahlt haben. Bei uns wäre das undenkbar. Zugleich können sich diese Leute durchaus vorstellen, dass sie weiterkommen, wenn sie Geld sparen, neue Prüfungen ablegen und einen anderen beruflichen Weg einschlagen. Die soziale Mobilität ist groß, was allerdings nicht verhindert, dass es 15 bis 35 Millionen Menschen gibt, die unterhalb des Existenzminimums leben, insbesondere Schwarze. Keine Art Studium oder Arbeit legt einen für immer fest. In Washington, wo ich recht lange war, habe ich festgestellt, dass Leute, die in der Bar arbeiteten, eigentlich gar keine *barmen* waren. Da gab es einen Arzt, einen Lehrer, einen Anwalt, die schnell 500 oder 1000 Dollar brauchten. Bei uns ist das unvorstellbar. Wenn man in den USA in einem bestimmten Beruf keinen Erfolg hat, kann man leicht etwas anderes finden.

Ich habe mehrfach an amerikanischen Universitäten Erwachsene unterrichtet, die ihr Studium selbst bezahlten, um dann beruflich neue Wege zu gehen. Einen oder zwei Sommermonate verbrachten sie dort über drei oder vier Jahre hinweg, so konnten sie einen neuen Grad erwerben und den Beruf wechseln, entsprechend den Umstellungen, die Veränderungen in der Organisation des Wissens und der Arbeit erfordern. Bei uns gibt es so etwas kaum. Diese Möglichkeit, die in den USA zwischen 100 000 und einer halben Million Menschen in Anspruch nehmen, müsste man auch den Europäern bieten, denn sie betrifft uns alle: »Welche Orientierung sollen wir unseren Kindern geben?«, lautet die angstvolle Frage der Eltern. Was sollen sie später machen? Was können die Eltern sagen? Und was sagt die Gesellschaft dazu? Soweit ich weiß, gibt es keine glaubwürdige Einrichtung, die Jugendlichen einen Weg weist, auf dem sie einigermaßen sicher ans Ziel gelangen, oder ihnen Auswege nennt, über die sie eine neue Orientierung finden können.

Kann man die Angebote beziehungsweise die Bedürfnisse einer Gesellschaft planerisch vorwegnehmen? Die Russen hatten den – leider missbrauchten – Plan, nach dem es hieß: 1932 brauchen wir 22 000 Ärzte, 67 000 Lehrer etc.

PHILIPPE JEAMMET: Man kann doch die Wünsche der jungen Menschen nicht den Bedürfnissen des Kapitals unterordnen!

MARC FERRO: Es geht nicht um das Kapital, sondern um die jeweiligen Länder. Selbst wenn die Zahlen in jedem Beruf nicht den Wünschen der Jugendlichen entsprechen, so wissen wir doch viel zu wenig über die Möglichkeiten der Gesellschaft, den Neigungen der jungen Menschen zu entsprechen, von denen zum Beispiel sehr viele gern Psychiater würden. Bleiben wir bei dem Beispiel. Will man Psychiater werden, muss man ein langes Studium absolvieren und schwere Prüfungen ablegen. Wie viele fangen damit an, ohne sicher zu sein, dass sie die Ausbildung auch durchhalten? Wer kennt die Kapazitäten der Gesellschaft, ihren Wunsch zu erfüllen? Und was wird aus denen, die am Ende des Studiums scheitern?

PHILIPPE JEAMMET: Wir sagen es immer wieder: Innerhalb der Psychiatrie gibt es verhältnismäßig wenige Stellen und doch ist die Studentenzahl gerade in diesem Fach erstaunlich hoch. Die Wünsche der Jugendlichen sind stärker als die Vernunft, vor allem, wenn ihre Eltern sie in der Auffassung unterstützen, dass die Wünsche Vorrang vor der Wirklichkeit haben.

MARC FERRO: Dies trifft zwar zu, aber vergessen Sie nicht, was wir vorher gesagt haben: Als diese Eltern zwanzig waren, kam es darauf an, dass die Studenten ihre Examina ablegten, nicht darauf, einen Arbeitsplatz zu finden ... Wer studierte, konnte sicher sein, dass er eine Stelle findet.

PHILIPPE JEAMMET: Angenommen, man wüsste alles über die verschiedenen Ausbildungswege und Bedürfnisse, so kann man auf die Frage, was wir tun sollen, damit unsere Kinder kreativ werden, immer noch nicht antworten. Überall wird Kreativität gefordert, und dennoch weiß man gar nicht, wie sie entsteht und wie man sie anderen beibringen kann. Kreativität entzieht sich der Macht des Wissens und lässt sich nicht programmieren.

Dabei wird bei zahlreichen Treffen und auf Seminaren zu diesem Thema genug ausprobiert. Ich möchte nichts über ihren Wert und ihre Effektivität sagen, doch ist diese Vorgehensweise interessant, denn sie geht davon aus, dass Einsamkeit nicht unbedingt gute Ergebnisse bringt, sondern Gemeinsamkeit, Brainstorming und gegenseitiger Austausch. Bei solchen Begegnungen kommen keine formellen Berichte zustande, doch es entstehen interaktive Beziehungen, die dem, was wir über die Entwicklung der Intelligenz wissen, besser gerecht werden: Damit beim Kind die geistigen Fähigkeiten gefördert werden, muss es Freude am Spiel haben. Hier begegnen wir wieder der notwendigen Spannung zwischen »genug haben« (um Lust zum Spielen zu haben und sich beteiligen zu können) und »genügend frustriert sein«, damit etwas entsteht, welches das ersetzen kann, was man haben möchte, jedoch nicht hat.

Kreativität bedeutet Suchen. Wenn er nicht findet, was er sucht, denkt der Mensch sich Ersatz aus. Wodurch aber wird man schöpferisch, wie entsteht Begabung? Wahrscheinlich ist es eine besondere Kombination von Elementen der Kindheit, von Begegnungen und gegenseitiger Befruchtung. Ein Mini-

mum an Vertrauen ist notwendig, damit es sich lohnt zu suchen, aber vielleicht muss man sich auch der Wirklichkeit des
Scheiterns stellen, damit man Lust hat, sich anders zu orientieren, und dabei den notwendigen Druck spürt.
Kreativität ist oft mit Leiden verbunden, das weiß man. Dennoch versucht man nicht, Unglück zu schaffen, damit es mehr
Genies gibt, und gibt auch nicht jedem soundso viele Vitamine
und Streicheleinheiten, damit die Mindestvoraussetzungen
für das Urvertrauen geschaffen werden. Wir können nicht die
Kreativität künftiger Generationen planen. Wir müssen dem
Weltgeist vertrauen.

MARC FERRO: Gewiss, aber ich glaube, wir können Jugendlichen und Eltern helfen, ihren Weg zu finden. In jedem ist
irgendwo eine Begabung vergraben, eine Spur von Genialität,
die Psychologen und Lehrer entdecken können. Ich persönlich
habe es immer als meine Berufung angesehen, meinen Schülern, Studenten und Forschern dabei zu helfen, sich zu entwickeln, und dank meiner Erfahrung habe ich bei ihnen Begabungen entdeckt, von denen sie nichts wussten. Solche Begegnungen waren für mich glückliche Augenblicke.

IN SEINER EIGENEN GESCHICHTE ZU HAUSE SEIN

PHILIPPE JEAMMET: Das kann ich mir vorstellen. Denn Wissen
ist nicht alles. Alles zu wissen bedeutet nicht, alles zu erkennen
und Glück zu empfinden. Wenn der Mensch, mit allem prakti-
schen Wissen, das er besitzt, nicht Kontakt zu dem bewahrt,
was ihm in seiner Kindheit an Lebendigem, Lebensnotwendi-

gem vermittelt wurde, kommt es am Ende zum Drama. Dem
Wahn, immer nur gut zu funktionieren, erliegen viele durchaus zivilisierte Menschen. Viele von ihnen – womöglich auch
Maurice Papon mit den Juden von Bordeaux – wollten nicht
unbedingt egal was und wen zerstören. Aber irgendwann stellt
die Vernichtung anderer kein Problem mehr dar, weil man
sich nicht mehr mit dem Menschen, den man vor sich hat und
dem alle Humanität abgesprochen wurde, identifizieren kann.
Papon war kein Antisemit, zumindest hat man bei ihm diesbezüglich keinerlei Leidenschaft festgestellt. Er handelte als guter
Bürokrat.

Die Fähigkeit, sich mit anderen zu identifizieren, liegt tief im
Inneren des Menschen, sogar noch diesseits jeglichen Systems
von Werten. Wenn sie nicht existiert, gelangt man zu einer
enthumanisierten Effektivität, die im Übrigen mit einem lei-
denschaftlichen Ideal zusammenfallen kann, wie es sich im
Kommunismus gezeigt hat. Im Namen eines Ideals – des
Glücks der gesamten Menschheit – ist man, wenn notwendig,
bereit Menschen umzubringen. Die Fähigkeit, sich mit einem
Einzelnen zu identifizieren, verschwindet zugunsten der Un-
terordnung unter eine Idee.

Marc Ferro: Sie haben vollkommen Recht. Die Verbrechen
in der Sowjetunion wurden sowohl im Namen eines Ideals als
auch durch die Identifikation mit einer Aufgabe begangen. Ich
möchte noch zwei Faktoren hinzufügen: zunächst die politischen Führer: Sie glaubten, als Experten zu handeln, als Weise,
die allein das Wissen über die Zukunft der Menschheit besaßen. Sie betrachteten das Gemeinwesen mit demselben Blick,
mit dem ein Arzt den menschlichen Körper untersucht. Die
Klassen waren die Organe, und einzelne Menschen, die infi-
ziert waren und die Gesundheit der Gesellschaft gefährdeten,
wurden weggesperrt oder vernichtet. Keine Gefühle, bestenfalls etwas Mitleid: Lenin ließ einem Weggefährten, der von

den Bolschewiken verhaftet worden war, Orangen ins Gefängnis bringen.

Zum anderen waren die »einfachen« Leute als Denunzianten und Neider froh über das Unglück anderer und rächten sich für die an ihnen ausgeübte Gewalt, indem sie andere als Opfer auswiesen. Ein einziges Mal konnten sie sich als privilegiert betrachten. Sie beteiligten sich am Terror von unten, der mit dem Terror von oben Hand in Hand ging.

PHILIPPE JEAMMET: Die Gefahr, allzu vernunftbestimmt zu sein, gibt es heute auch, zum Beispiel, wenn man sich nach dem richtet, was man die ökonomische Realität nennt. Wenn man das Leben allzu funktional betrachtet, geht die Fähigkeit verloren, sich mit dem zu identifizieren, was bei jedem Einzelnen menschlich, sensibel, einzigartig ist. So kann das Einfühlungsvermögen durch allzu viel Vernunft ersetzt werden.

Sich mit anderen zu identifizieren ist ein wichtiges Element dessen, was man weitergibt. Alles hängt davon ab, womit man sich identifiziert – mit seiner Aufgabe, seiner Rolle oder eben jener Möglichkeit, sich als Mensch in die Situation eines anderen zu versetzen.

MARC FERRO: Sie haben die Identifizierung mit einer Aufgabe herausgestellt. Maurice Papon wollte seine Arbeit gut machen, um Karriere und Ruhm zu erlangen. Er tarnte sich, indem er auch an der Résistance teilnahm – was vielleicht seinem Empfinden entsprach. Er handelte im Umgang mit den Juden wie ein Techniker, um nicht mit dem Prinzip der Taten, die er verübte, in Berührung zu kommen. Im Ganzen ermöglichten es ihm die Taten für den Widerstand, mit bestem Gewissen zu tun, was die Deutschen von ihm forderten. Die Opfer kannte er nicht, Einzelne haben keinerlei Wert.

Philippe Jeammet: Da jeder von seiner Geschichte getragen wird, kann er sich zu einem bestimmten Zeitpunkt seines Lebens wünschen, sie nicht zu beherrschen, sondern sich mit ihr vertraut zu machen. Diese Suche liegt nicht auf derselben Ebene wie das Erstellen eines Stammbaums, selbst wenn dieser dazu beitragen kann, Erinnerungen aufzufrischen. Es ist eine persönliche Arbeit, bei der man sich nicht nur seine Geschichte wieder aneignet, sondern auch die Emotionen, die diese begleitet haben. Natürlich werden diese Emotionen und auch ein Teil der Geschichte durch die bewusste Erinnerung ausgeschaltet, doch können sie wieder in dem, was Analytiker »Übertragung« nennen, aktualisiert werden. Das geschieht, wenn eine neue Beziehung dem Erlebten neuen Sinn verleiht. Kennen Sie den Film *Der Postmann?* Der junge Mann ist zutiefst deprimiert. Was er erlebt hat, ist nicht schlimm, aber von der Arbeit seines Vaters, der Fischer ist, kann er nur sagen: »Sie ist trostlos.« Das Leben ist trostlos. Dank der Beziehung, die sich zwischen ihm und dem Dichter Pablo Neruda entwickelt, hat sich das, was schon in ihm war und zu dem er die Verbindung verloren hatte, wieder aktualisiert. Das Erscheinen des Dichters mobilisiert etwas, was in ihm wartete, besonders den Wunsch nach Austausch mit seinem Vater, der durch den Zwang und die Wiederholung des täglichen Tuns unterbrochen war. Der Traum, die Wörter, die Gefühle waren da, lebten in ihm, und als er versucht, dem Dichter etwas zu sagen, verspürt er das Bedürfnis, ihn Gerüche riechen, Geräusche hören zu lassen. Er, der keine Worte fand, seine Insel zu beschreiben, entdeckt nun ihre Schönheit, ihre Freuden, ihre Vielfalt. Heute sind viele Eltern genau wie der Fischer zu sehr von der Forderung, immer zu funktionieren, in Anspruch genommen. Sie werden vom Rhythmus ihrer Arbeit erdrückt, aus Furcht, sie zu verlieren, oder aus Verzweiflung, sie verloren zu haben. Sie können keine Freude mehr weitergeben. Wenn beim Erwachsenen die Verbindungen zu dem Kind, das er war, unter-

bunden werden, wird diese unheilvolle Maschinerie noch verstärkt. Heute sind viele der Meinung, die Bindung zur Kindheit aufrechtzuerhalten sei infantil. Wenn wir so denken, laufen wir Gefahr, eine Welt ohne Lebendigkeit heraufzube-
schwören.

Die Verbindung zur Kindheit wahren

Marc Ferro: Die perversen Wirkungen der Erziehungskon-
zeption, die sich in den Sechzigerjahren durchsetzte, nach der
das Kind im Namen der Entwicklung seiner Persönlichkeit alles darf, beunruhigen mich immer noch. Aber Kinder sind selten geworden und verkörpern doch immer auch die Hoffnung
auf ein besseres Leben. Ich wünsche mir also keineswegs, zu
den noch gar nicht so lange vergangenen Zeiten zurückzukeh-
ren, in denen Kinder misshandelt wurden und es keine Kindheit gab. Aber dennoch: Stellt man sie heute nicht allzu sehr in
den Vordergrund und das mit allen negativen Auswirkungen,
die wir kennen?

Philippe Jeammet: Sie sprachen eben von den »noch gar
nicht so lange vergangenen Zeiten«, als es noch keine Kindheit
gab, wie wir sie heute verstehen und definieren. Wie lange genau ist das her?

Marc Ferro: Von einer »Kindheit« ist seit etwa zweihundert
Jahren die Rede, und das, was dieser Begriff unter sich fasst,
war auch nicht allen Milieus selbstverständlich Dies hat
Philippe Ariès nachgewiesen. Heute gehört es zum guten Ton,

Ariès zu kritisieren, aber er hatte Recht. Man darf nicht vergessen, dass die Tötung von Kindern erst vom 16. Jahrhundert an bekämpft wurde und dass so viele Kinder geboren wurden und starben, dass man in den Großfamilien von damals ihre Existenz nicht weiter beachtete. Erziehung bestand in erster Linie darin, »schlechte Neigungen« zu unterbinden.

Im 18. Jahrhundert, vor allem im Bürgertum, zentrierte sich die Familie um das Ehepaar und so achtete man mehr auf die Kinder. Hier entwickelte sich der Sinn für die Kindheit. Im Volk allerdings nicht. Dort dauerte es noch bis ins 19. Jahrhundert, bis humanitäre Organisationen, protestantische und katholische, und ein wenig auch sozialistische, die Kinderarbeit anprangerten. Diese Bewegung begann in England mit der Industrialisierung um 1800. Dank Dickens haben wir heute eine Vorstellung davon, was für eine schreckliche Zeit es war. Damals kam auch der Begriff des Proletariats auf, des Menschen, dessen einziger Besitz seine und seiner Kinder Arbeitskraft ist. Er lässt sie arbeiten, damit die Familie überleben kann, sonst werden sie zur Belastung. Die Kinder betraten die soziale Szene als Opfer. Aber auch heute noch denkt man gern darüber nach, was Kinder kosten – in einer verbürgerlichten Gesellschaft.

Es ist eine Weile her, dass ich die entsprechenden Bücher gelesen habe, aber ich weiß noch, dass erst mit dem 19. Jahrhundert Kinder als etwas anderes als kleine Erwachsene angesehen werden, als Wesen mit eigener Identität. In den USA geht diese Anerkennung so weit, dass das Kind Herr seiner eigenen Erziehung ist. Die beiden Bewegungen – Schutz gegen Ausbeutung in Europa, Emanzipation in den USA – erreichen ihren Zenit in den Siebziger- und Achtzigerjahren.

PHILIPPE JEAMMET: Zu einer sensiblen Betrachtungsweise dessen, was Kindheit heute für uns ist, gehört auch das Bewusstsein, wie notwendig der Schutz des Kindes ist. Dieses Bewusst-

sein ist heute vorhanden. Die Gesellschaft spürt, dass im An-
stieg der Gewalttätigkeit gegenüber Kindern, im Missbrauch,
eine Gefahr liegt. Was in Belgien geschah, gibt ein sehr beunru-
higendes Bild von den Erwachsenen ab. Man weiß, dass Erwachsene, die Kinder missbrauchen, oft selbst missbraucht
worden sind und, selbst wenn dies nicht immer der Fall ist,
ihre Kindheit von Umbrüchen und Traumatisierungen bestimmt war, durch die ein Großteil ihrer kindlichen Bedürfnisse – auch von ihnen selbst – verkannt und einfach beiseite gelassen wurde wie ein brachliegendes Feld. Diese Bedürfnisse
haben bei der Entwicklung ihrer Persönlichkeit keine Rolle ge-
spielt und blieben ausgesperrt, verborgen. Ein so verkanntes
Kind wird plötzlich im Erwachsenen lebendig, wenn es richtige
Kinder trifft, bei denen es Resonanz findet. Es geschieht übrigens recht oft, dass die kleinen Opfer im Blick und den Worten
des Erwachsenen etwas finden, das auf etwas in ihrem Leben
anspricht, und dies erklärt, warum sie ihnen so leicht folgen.
Leider kommen diese verkannten Bedürfnisse in einem er-
wachsen gewordenen Körper zum Ausbruch und zwar in
Form einer Sexualität, die nur traumatisch sein kann. Die natürliche Angst des Kindes wird bei dieser Tat lebendig, genau
wie die des Erwachsenen, wenn er aus dem »sekundären Zustand«, der ihn zu seiner Tat veranlasst hat, herauskommt.
Dann wird ihm klar, dass er sich in einer Sackgasse befindet.
Da er damit meistens nur schwer umgehen kann, will er jede
Spur des Geschehenen vernichten. Pädophilie ist die Begegnung zweier Kinder, von denen eines den Körper eines Erwachsenen hat, der die Sprache der Sexualität spricht, während der Körper des Kindes die der Zärtlichkeit spricht. Jener
Zärtlichkeit, die der Erwachsene in seiner Kindheit entbehrte.
Mit dieser Erklärung soll nichts gegen die Notwendigkeit einer
Bestrafung des Erwachsenen gesagt werden. Sie macht aber
anschaulich, wie gefährlich es ist, einen Erwachsenen zu schaffen, indem man in erheblichem Maß sein Begehren unter-

drückt und nicht auf die notwendige und beständige Integration dessen achtet, was jeden von uns mit seiner Kindheit verbindet. Wenn wir nicht mehr in der Lage sind, mit dem Kind
zu reden, das wir gewesen sind und das uns bis zu einem gewissen Grad das ganze Leben über begleitet, kann zweierlei geschehen: Einerseits fällt es uns schwer, uns in die Bedürfnisse
unserer Kinder hineinzuversetzen, und andererseits bricht
das, was wir ignorieren wollten, plötzlich hervor. Kindliche
Bedürfnisse kommen immer dann an die Oberfläche, wenn
die Kontrollfähigkeit geschwächt ist. So ist es nicht verwun-
derlich, dass gerade sexuelles Verlangen solche kindlichen Bedürfnisse transportiert und weckt. Ein deutlicher Beweis für
dieses zwingende Bedürfnis sind all die Männer, die, scheinbar
gut integriert und vernünftig, ganze Charterflugzeuge füllen
und mit kleinen Philippininnen oder Thailänderinnen Sex-
spiele veranstalten.
Im Übrigen glaube ich, dass der Hauptgrund, weshalb viele
unserer Zeitgenossen die Psychoanalyse so ablehnen, weniger
die Entdeckung der kindlichen Sexualität ist, die inzwischen
allgemein anerkannt wird, als die starke Verbindung, die sie
zwischen allem, was Erwachsene erleben, und dem, was von
ihrer Kindheit bleibt, herstellt, gerade über die Sexualität.
Wenn der Erwachsene, der wir geworden sind, nicht genügend
mit dem Kind, das wir waren, vertraut ist, können alle Wünsche, die mit der Kindheit zu tun haben, als infantil erfahren
werden, also als regressiv und demütigend für den Erwachsenen, der wir zu sein glauben. Dies kann dazu führen, dass sich
die Ablehnung der Wünsche verstärkt oder sie auf unpassende
Weise zum Ausdruck kommt. Die Heftigkeit dieser Ablehnung
führt zu mangelnder Empathie des Erwachsenen, der ein Kind
missbraucht und es hinterher tötet, um Scham und Demütigung zu unterdrücken. Diesen Mechanismus findet man auch
beim Phänomen des Rassismus. Und dieselbe Ungeheuerlich-
keit findet man beim Handel mit Kindern.

MARC FERRO: Kinderhandel ist vielleicht noch abscheulicher, weil er aus freien Stücken geschieht. Im Gegensatz zur Organisation der Nazis ist jemand, der nicht mitmacht, keiner Bedrohung ausgesetzt. Verbrechen, die in Freiheit geschehen, sind also noch beunruhigender.

Kann man heute die Kindheit schützen, wie es noch vor dreißig oder fünfzig Jahren möglich war? Durch das Fernsehen haben Kinder ein Wissen über die Welt, das weit über das hinausgeht, was sie in der Familie oder Schule erfahren. Als wir selbst Kinder waren, als unsere Kinder zur Schule gingen, war es recht einfach, das Wissen zu kontrollieren, doch heute? Kinder wissen tausend Dinge über Fortpflanzungsbiologie, sexuelle Perversionen, Tötungsarten … was nicht unbedingt Teil der Erziehung durch die Erwachsenen sein muss.

Was kann Schutz der Kindheit bedeuten, wenn das, was Kinder und Jugendliche erleben, der Erkenntnis der Erwachsenen entgeht? Nichts garantiert uns, dass Kinder nicht morgen wieder wie im Mittelalter zu kleinen Erwachsenen werden, denn wie damals werden Informationen nicht mehr dem Alter gemäß gesteuert. Sie sind schon auf ganz anderem Gebiet, dem der Manipulation von Netzen und anderen Spielen, wesentlich versierter als Erwachsene.

PHILIPPE JEAMMET: Für uns Psychiater stellt sich die Frage: Wie ist der Zugang zur Sexualität? Tatsächlich hört und sieht man erstaunliche Dinge. Neulich hörte ich um vier Uhr nachmittags in einem großen Radiosender eine Sendung über Herstellung und Verbreitung erotischer Gegenstände. Sie wurden alle genau beschrieben, ohne Rücksicht darauf, ob unter den Hörern vielleicht Kinder sein könnten.

MARC FERRO: Ich hatte mir über diese Frage nicht unter dem Blickwinkel der Sexualität Gedanken gemacht. Im 19. Jahrhundert hat die bürgerliche Moral ihre Verbote im Kontrast

zu den Sitten des Adels und der Bauern entwickelt. Seitdem
jedoch – es ist noch nicht lange her – hat die Pille den Typus
von Verbot, der auf den sexuellen Beziehungen lastet, verändert. Das Sexualleben der Frauen hat sich dadurch grundlegend gewandelt.

PHILIPPE JEAMMET: Wenn ich Ihnen zuhöre, sage ich mir, dass
es nützen könnte, die Geschichte mancher die Kindheit betref-
fenden Fragen zu kennen, um zum Beispiel die Bedeutung, die
man Verboten zumisst, zu relativieren. Immerhin gibt es für
uns nach zweihundert Jahren (wenn nicht mehr), in denen
Verbote galten, einen Umbruch. Was ich im Zusammenhang
mit der Universalität des Zugangs zur Welt des Sex sehe, ist
vor allem eins: Die Schlafzimmertür der Eltern ist durchsichtig
geworden. Heute hat man Zugang zu etwas, das früher verborgen war.

MARC FERRO: Um noch einmal auf Ihre Frage zurückzukommen: Ich fürchte, dass man bei dem strikten Versuch, um jeden Preis die Kindheit in einer Welt zu schützen, die es nicht
zulässt, Gefahr läuft, das genaue Gegenteil zu erreichen, nämlich dass die Kinder zu unschuldigen Opfern werden. Man
müsste ihnen eher helfen zu verstehen, sich in dieser Welt zu
bewegen, statt unbedingt am Weihnachtsmann festzuhalten.
Ich habe nichts gegen den Weihnachtsmann, bis die Kinder
fünf oder sechs sind … Es hängt sicher auch von dem Wesen
der Kinder ab.
Jeder weiß, dass man mehrere Kinder haben kann, sie auf
dieselbe Weise erzieht, und doch reagieren sie ganz verschieden.

PHILIPPE JEAMMET: Jetzt modifizieren Sie Ihre eigene Aussa-
ge. Bietet man Kindern nicht mehr Chancen, wenn man ihnen
ein Gefühl der Sicherheit gibt? Mit weniger Verboten, weniger

Schutz setzt man sie mehr Ungewissheit und innerer Unruhe aus.

MARC FERRO: Gewiss, aber wenn ich Sie recht verstehe, soll man den Kindern einerseits die notwendige Sicherheit geben, sie aber auch nicht zu sehr beschützen.

SICH IN DIE GESCHICHTE EINORDNEN

PHILIPPE JEAMMET: Sie haben selbst gesagt und aufgezeigt, wie bei Kindern, wenn man ihnen von der Geschichte erzählt, ein Leben lang Spuren bleiben, in Form einer Art Neuauflage der Geschichte. Wenn Sie für das Recht auf Wahrheit plädieren, scheint mir, dass Ihr Wunsch dem der Psychologen gleicht.

MARC FERRO: In einer Zeit, in der sich so viel verändert wie heute, scheint es mir wichtig zu wissen, was einem, und zwar nicht nur durch Vererbung, vermittelt und übertragen wird. Geschichte zu kennen und zu begreifen gibt uns Hinweise und Anhaltspunkte, mit denen wir besser verstehen können, was die Veränderungen steuert. Eine Familiengeschichte zu haben kann dem Einzelnen gewiss Sicherheit geben, doch sich in die Geschichte einzuordnen verhilft dazu, die Fallen aller Arten schöner Reden auszumachen, ob sie von einem multinationalen Konzern oder der Kirche stammen, einer Partei oder einem Informationsdienst. Dann begegnet man nicht mehr der Vergangenheit, sondern erkennt die Gegenwart, lernt, was Zukunft sein kann.

Ich habe mich deshalb dafür interessiert, wie man Kindern Geschichte beibringt, weil wir wissen, dass die Geschichte, die
uns als Kindern vermittelt wurde, uns für unser ganzes Leben
prägt. Wir wissen auch, dass das Bild, das wir von anderen
Völkern und von uns selbst haben, entstanden ist, als wir noch
jung waren. Eine Vision von der Geschichte hat Anteil an der
Bildung der Identität der Gruppe, zu der wir gehören, der Gesellschaft, in der wir leben.
Heute lernen die Kinder eine Geschichte ohne Geschichte. Je
mehr Zeit vergeht, desto mehr nimmt das geschichtliche Wissen ab oder wird komplexer, undurchschaubarer. In der Schule wird lange die Vor- und Frühgeschichte behandelt, später
die Pyramiden und Burgen. Alles aus der Vergangenheit, was
zum Verständnis unserer Zeit beitragen könnte, wird mehr
oder weniger weggelassen. In den Lehrplänen wird die Ereig-
nisgeschichte zurückgedrängt, früher beschränkte man sich
auf sie. Man ist von einem Extrem zum anderen übergegan-
gen. Die Curricula nehmen der Geschichte ihre Dramatik und
Leidenschaft, dabei wird gerade durch das Wissen über Krisen
einzelner Personen ein Arsenal von Situationen und Charakte-
ren angelegt, mit dem man Stellung zu den Problemen von
heute nehmen kann, so ähnlich, wie es auch mithilfe der Literatur geschieht. Wenn man Probleme nationenübergreifend
betrachtet, kann man nur dann die Gesellschaft besser verstehen, wenn man den Ablauf der Geschichte kennt, auch wenn
er romanhafte Züge trägt und voller Mythen steckt. Im Fernsehen geschieht das immer wieder, allmählich hat es die Rolle
der Lehrer und Bücher übernommen.
Wozu ist Geschichte gut? Sie ist ein Instrument, um die Gegenwart erkennbar zu machen und sich in der Gesellschaft
zurechtzufinden. Die Geschichte ist eine Lektion. Dies halte
ich aufrecht, obwohl Marc Bloch und Ernest Lavisse sagen, ein
Historiker könne alles, nur nicht die Zukunft vorhersehen. Sie
haben das witzig und mit ironischer, ein wenig aggressiver Be-

scheidenheit formuliert, die ich, zumindest zum Teil, für falsch halte. Ich bin der Meinung, Historiker können noch am besten, wenn schon nicht die Zukunft vorhersehen, so doch zumindest erkennen, was aus der Vergangenheit in der Zukunft wieder auftauchen wird.

Ein Beispiel: 1948 bin ich, wie schon gesagt, nach Algerien gegangen, um dort zu unterrichten. Nach zehn Tagen spürte ich, dass es Krieg geben würde. Weil ich Historiker war. Man beschimpfte mich als »Kommunisten« (was ich nicht war) nur deshalb, weil ich eine unliebsame Diagnose stellte. So geschieht es oft. Gerade dann, wenn Politiker sagen: Morgen wird alles besser, spürt der Historiker bereits, dass es böse Zeiten geben wird.

Weil ich Historiker bin, hatte ich schon in den Fünfzigerjahren, also lange Zeit vorher, vorausgesehen – und ich war nicht der Einzige –, dass es in Belgien zwischen Wallonen und Flamen Probleme geben würde. Für uns war das ganz klar, aber die politischen Machthaber sahen es nicht. Historiker haben ein Wissenskapital, das sie in die Lage versetzt zu erkennen, ob eine bestimmte Anzahl von Problemen, die hätten gelöst werden müssen, gelöst worden sind. Es ist nicht ihre Aufgabe, Dinge vorauszusehen. Aber sie können über Vergangenes aufklären, können Situationen, die zu dramatischen Verhältnissen führen können, beurteilen, und ihre Arbeit könnte dazu beitragen, manches zu verhindern. Weil sie die historische, gesellschaftliche Grammatik kennen, die Regeln der Ereignisse der letzten Jahrhunderte, wissen sie, was zu der einen oder anderen Situation führen kann, und sie könnten einen Beitrag dazu leisten, zu verhindern, dass sich böse Erfahrungen vergangener Zeiten wiederholen. Ich will damit nicht sagen, dass es ihnen gelingt, denn sie nehmen keinen Einfluss auf die Gesellschaft, aber sie sind in der Lage, im Vorhinein zu analysieren und zu sagen: »Vorsicht! Eine solche Entscheidung, eine solche Maßnahme, ein solches Ereignis … kann zu dieser oder

jener Situation führen, nicht wie in der Vergangenheit – denn
bis auf wenige Ausnahmen wiederholt sich Geschichte nicht –,
doch so, wie es die Analyse der Vergangenheit nahe legt.«

PHILIPPE JEAMMET: Können Sie uns helfen, mit den Veränderungen, die wir beschrieben haben, umzugehen?

MARC FERRO: Indem man die Szenarien der Vergangenheit,
die ein Licht auf die Zukunft werfen, hervorholt und unterscheidet, welche funktionieren können und welche nicht.
Nehmen wir als Beispiel die Arbeitslosigkeit. Das Wort tauchte
1880 zum ersten Mal auf. Damals war sie das Ergebnis des En-
des einer persönlichen Beziehung zwischen Arbeitgeber und
Arbeitnehmer. Handelt es sich heute um dasselbe? Nur in
manchen Fällen. Die zweite Phase fand in den Zwanzigerjah-
ren statt und erreichte den Höhepunkt um 1930. Arbeitslosigkeit war Ergebnis einer Kündigung, also eines Vertragsbruchs
zwischen Einzelnen und den Unternehmen. Dritte Phase: Der
Staat greift ein. Entweder tritt er an die Stelle des Unterneh-
mens, dann kommt es zur Verstaatlichung; oder er verbündet
sich mit dem Unternehmen, indem er entscheidet, hilft oder
Maßnahmen verhängt. Heute stellt man die Rolle des Staates
als Unternehmer infrage, und zwar mit einer neuen Begrün-
dung: Überall will man für möglichst wenig Geld produzieren.
Man spürt, dass die westliche Welt sich für das absolute Kon-
kurrenzprinzip entschieden hat und bereit ist, die Arbeitslo-
senzahl zu vergrößern. Dieser Krieg bringt manchen sehr viel
ein und resorbiert einen Teil der Arbeitslosigkeit, aber die
menschlichen und sozialen Kosten sind immens.
Dazu kann ein Historiker Folgendes sagen: »Eine völlig neue
Situation!« Der Staat kann nicht mehr wie vorher eingreifen,
der Einzelne auch nicht. Das Unternehmen greift immer ein,
aber in einem besonderen Kontext. Man muss sich daher einen neuen *contrat social* ausdenken.

Die Geschichte kann auch die Phantasie anregen. Sie hält Beispiele bereit und kann ideologische Positionen relativieren. Als Beveridge in England 1945 die Sozialversicherung einführte, sagten die Abgeordneten der äußersten Rechten: »In dreißig Jahren will niemand mehr arbeiten ...« Die Leute der Linken sagten voraus, die Arbeitslosigkeit werde zunehmen. Beide Ideologien hatten die Fehler der historischen Entwicklung erkannt, aber es kam doch zu keinem politischen Konsens. Anders gesagt, die Geschichte macht es möglich, sich die Zukunft auszumalen, aber sie ist keine Zukunftswissenschaft.

Die Waffe, die wir mehr und besser benutzen können sollten, ist Aufklärung, Glasnost. Dazu aber müssten zuallererst diejenigen, die informieren, informiert sein. Als Lady Di tödlich verunglückte, fragte sich der Fernsehkritiker von *Le Monde*, Daniel Schneidermann, ob die Auswahl der Nachrichten wirklich angemessen gewesen sei. War das Ereignis des Tages wirklich der Zustand des weißen Autos von Lady Di im Autotunnel? Kann man Geschichte erkennbar machen, wenn man so eine Nachricht ganz nach oben setzt, wenn es zugleich Proteste von Arbeitslosen und Massaker in Algerien gibt? Die Enthierarchisierung der Information spielt heute eine große Rolle. Nicht nur, dass in den Medien Informationen immer mehr gleichgeschaltet werden, sondern alles nimmt immer mehr demagogische Züge an: Die seriöse Presse sucht ihre Aufmacher danach aus, womit sie am meisten Käufer anziehen kann, genau wie die Fernsehstationen, die sich beim Aufbau ihres Programms nach den Quoten richten. Dabei spricht nichts dafür, dass die Zuschauer wegblieben, wenn man ihnen Themen präsentierte, bei denen sie etwas begreifen lernen. Das dritte Programm berichtete über Arbeitslosigkeit und nicht über Diana und hatte an diesem Abend die meisten Zuschauer ...

Die beste Waffe im Umgang mit Transformationen ist, sich klar darüber zu werden, wo Veränderungen stattfinden. Dies kann auch dazu beitragen, die Menschen zu mobilisieren. Kommen wir auf das Beispiel der Arbeitslosen zurück: Was erleben Menschen, die von Arbeitslosigkeit betroffen sind? Zunächst Verlegenheit, Scham darüber, dass sie nicht arbeiten, dann Niedergeschlagenheit und Verzweiflung. Und man begreift sehr wohl, dass sie sich in dem hier beschriebenen Zusammenhang nicht wie 1923 dagegen wehren können, als alle noch auf eine weltweite Verbesserung der Lage hoffen konnten. Dafür aber ist eine Arbeitslosenbewegung entstanden, die in Frankreich viele, in Deutschland weniger Menschen mobilisiert hat.

In Perpignan im Süden Frankreichs kam es vor vier Jahren zu einem für heute typischen Konflikt, weil der Bürgermeister die Sozialhilfeempfänger verpflichten wollte, nützliche Arbeit zu leisten, eine Art Bürgerarbeit eben. Die Sozialhilfeempfänger weigerten sich, selbst für eine kleine Aufgabe zwangsweise zu arbeiten, wo doch der Rest der Bevölkerung »frei entscheiden« könne, was er will und was nicht. Darüber hinaus argumentierten sie, dass jeder das Recht habe, nicht zu arbeiten, denn es sei ja nicht ihre Schuld, dass der Arbeitsmarkt sich weltweit verändere und in der Krise stecke. Dies sehen natürlich diejenigen, die arbeiten oder von früh bis spät irgendwelche Betätigungen ausüben müssen, ganz anders.

Die Geschichte lehrt mich, dass es eine solche Situation schon Anfang des 19. Jahrhunderts in England gegeben hat, bei der die heftigsten Konflikte nicht zwischen Reichen und Armen stattfanden, sondern zwischen Menschen, die arbeiteten – Händler, Arbeiter –, und anderen, die ohne Arbeit waren und von denen nicht wenige zu Kriminellen wurden. Die Regierung, die damals sehr stark war, schickte sie nach Australien … Erinnern wir uns an diese Vorgänge, kann uns bewusst werden, dass eine gravierende Situation eintreten kann, wenn man Menschen von der Arbeit ausschließt. Dies hatte der Bürgermeister von Perpignan zu spüren bekommen, aber auch der Premierminister, als die Arbeitslosenbewegung öffentliche Gebäude besetzte.

Eine Moral für die ganze Gesellschaft

Philippe Jeammet: Wir haben von einem fehlenden Konsens gesprochen. Ihr Beispiel macht deutlich, wie nützlich es wäre, die Regeln für ein gutes Zusammenleben festzulegen.

Marc Ferro: In diesem Zusammenhang möchte ich etwas zum moralischen Diskurs von heute sagen. Wenn man sich heute in den Schulen wieder verstärkt darum bemüht, den Kindern staatsbürgerliche Gesinnung beizubringen, im Rahmen des Politikunterrichts oder auch im Fach Ethik, so stellt sich die Frage: Was soll man den Kindern anbieten? Moralische Prinzipien, wie dies im 19. Jahrhundert geschah? Du darfst nicht stehlen, nicht lügen, kein falsches Zeugnis ablegen … Ich glaube, in der Welt von heute braucht man solche Vorschriften nicht besonders hervorzuheben: Sie sind Teil der allgemeinen Moral, der christlichen wie der säkularen … Soll der Deutschlehrer, der Geschichtslehrer, der Pfarrer oder der Analytiker sie weitergeben? Meiner Meinung nach ist das die Aufgabe jedes Einzelnen.

Dabei wird immer an die Moral des Individuums und nie an die der Bürger gedacht. Niemand wagt sich an die Probleme dieser Moral heran, dabei sind sie wesentlich für das Leben der Gesellschaft. Was zum Beispiel ist davon zu halten, dass man auf Missstände hinweist, etwa in Form von Anzeigen? Wann soll man es tun, wann nicht? Was muss man anzeigen, was nicht? Um sich mit solchen Fragen zu beschäftigen, müsste man Bücher entwerfen, in denen Situationen und Erfahrungen untersucht werden. Camus, Sartre, die Denunziationen in Hitlerdeutschland, im Vichyregime, in Sowjetrussland. So könnten unsere Kinder eine Moral entwickeln und sich ein Ur-

teil über Denunziation bilden und sich nicht mehr mit der
Regel »Du darfst nie denunzieren« zufrieden geben. Zweites
Beispiel: Wie steht es mit dem Gehorsam gegenüber dem
Staat? Muss man ihm immer gehorchen? Auch hier lassen sich
viele historische Situationen anführen.

Außer Ungehorsam gegenüber dem Staat und der Denunzia-
tion kann man noch andere Beispiele nennen, wie etwa die
Position der Antigone in dem gleichnamigen Stück von
Camus: »Wenn ich mich zwischen Gerechtigkeit und meiner
Mutter entscheiden muss, dann wähle ich meine Mutter.«
Mit allem, was dazu gehört: Muss man dem Gesetz, den In-
stitutionen, den Menschen, die man liebt, gehorchen? Haben
Sie den Film *Der dritte Mann* gesehen? Anna verteidigt den
Mann, den sie liebt, Holly Martins denunziert ihren Freund
im Namen der Moral ... Alle diese Probleme spielen in der
Demokratie eine zentrale Rolle, aber niemand kümmert sich
darum.

Auf diesem Gebiet weiß man nicht mehr, woran man ist. Poli-
zisten werden oft kritisiert und wissen nicht mehr, ob sie
Schweinehunde oder Schutzleute sind. Für manche sind Sol-
daten, nur weil sie zum Militär gehören, Schweinehunde ...
Moralische Orientierung wird nicht nur in der Kindheit und
der Familie vermittelt, sondern auch in der Gesellschaft. Ohne
sie kommt es bei der Entwicklung zum mündigen Bürger zu
schweren Mängeln. Ich bin wirklich erstaunt, dass man sich
um diese Probleme so wenig kümmert, es sind doch ganz entscheidende und zugleich äußerst interessante Fragen.

PHILIPPE JEAMMET: Wir hatten davon gesprochen, dass die
Vorbilder nicht mehr wirksam sind.

MARC FERRO: Ich bin erstaunt, wie viele soziale Gruppen es in
den letzten Jahrzehnten geschafft haben, Meinungen und Urteile an die Öffentlichkeit zu tragen, die Beispiel gebend waren

und das kollektive Bewusstsein verändert haben. Vorher hatte
man ihnen nicht zugetraut, eine solche Rolle zu spielen.

Zunächst die Jugend. Man hatte sie nie als Gruppe wahrge-
nommen, die eine eigene Moral hat. Es gab junge Kommunisten oder junge Faschisten. Sie waren insofern Avantgardisten,
als sie jung und aktiv waren, aber nicht als Schöpfer neuer
moralischer oder politischer Einstellungen. 1968 haben sich
junge Menschen zum ersten Mal in der Geschichte als soziale
Gruppe der Jungen zu Wort gemeldet, nicht mehr als junge
Kommunisten oder anderes. Sie waren Ausgangspunkt dafür,
dass damals herrschende moralische Vorstellungen infrage gestellt wurden: das christliche und sozialistische Weltbild etwa.
Diese Moral der Achtundsechziger ist immer noch bei denen
lebendig, die heute um die fünfzig sind.

Kürzlich tauchte eine weitere Gruppe als unerwarteter und
stark beachteter Träger einer Moral auf: die Filmemacher. Seit
einigen Jahren spielen sie eine Rolle als moralische Instanz,
nachdem sie vorher vorwiegend als kreativ angesehen wurden.
Dann aber haben sie zu mehreren gemeinsam Position zu verschiedenen Problemen bezogen, und das auf sehr energische
Weise. Dabei ging es um Themen wie Obdachlose, Arme,
Menschen in ausweglosen Situationen. Besonders populär ist
hier neben dem französischen der englische Film mit Filmen
wie *Brassed Off, Billy Elliot, Geheimnisse und Lügen.*

Heute haben solche Gruppen Einfluss auf die Entstehung von
Moral. Sie treten an die Stelle traditioneller Instanzen wie Kirche, Parteien, Gewerkschaften und Medien …

Mɪᴛ ᴅᴇᴍ Lᴇʙᴇɴ ᴜᴍɢᴇʜᴇɴ

Mᴀʀᴄ Fᴇʀʀᴏ: Was können wir künftigen Generationen auf ihrem Weg ins Erwachsenenleben mitgeben?

Pʜɪʟɪᴘᴘᴇ Jᴇᴀᴍᴍᴇᴛ: Wir leben nicht mehr in der binären Welt
von früher, in der es Gut und Böse gab, in der ein System von
Werten uns in die Lage versetzte, mit sichtlicher Effektivität
die richtige Wahl zu treffen. Wir müssen zugeben, dass dies oft
zu einer gewissen Passivität führte, zu einem Mangel an Nuan-
cen, zur Missachtung der Vielfalt unterschiedlicher Individuen. Wir stehen heute nicht mehr im Bann des einzigen, für
alle richtigen Wegs und halten auch nichts mehr vom Ideal des
Alles oder Nichts, des Gut oder Böse. Wir befinden uns in der
Demokratie mitten in einem Spiel von Kräften.
Wir wissen, dass es kein gutes System gibt, das nicht, um sich
am Leben zu erhalten, auch Böses in sich trägt, weil es das
Böse für sein Gleichgewicht braucht. Ein einheitliches Ideal –
das haben wir leider gesehen und sehen es noch – kann nur
auf Gewalt oder Ausgrenzung beruhen.
Lange Zeit haben wir durch Vererbung Güter weitergegeben,
von denen wir uns kaum vorstellen konnten, dass sie eines Tages keinerlei Wert mehr haben würden. Lange Zeit haben wir
in der Erziehung Werte vermittelt, von denen man sich nicht
erträumte, dass sie eines Tages nicht mehr gültig sein würden.
Heute sind zahlreiche Mauern gefallen, es gibt weniger Verbote. In der Sexualität zum Beispiel sind junge Mädchen, die nur
mit dem Mann ihres Lebens Sex haben wollen, sehr selten geworden. Und trotzdem träumen sie weiter von der großen Liebe, auch wenn sie schon einige Abenteuer hatten, bevor sie ihr
begegnen. Sie lernen gewissermaßen, mit den Risiken umzugehen.

Bei den Drogen gab es nur ein Ja oder ein Nein. Heute weiß man genau, dass Cannabis nicht dasselbe ist wie Heroin, doch wenn man an einem Abend einen Joint raucht, muss man sich darüber im Klaren sein, wie weit man gehen will. Ich bin der Meinung, dass man in unserer liberalen Gesellschaft lernen muss, mit den Gefahren umzugehen, anstatt per Dekret festzustellen, dass es sie nicht geben darf. Was bedeutet es, kein Risiko einzugehen? Haschisch ist doch nicht gefährlich, weil es verboten ist. Würde man besser über seine Eigenschaften informieren, könnte man es von Strafe befreien. Man wüsste, dass es nicht ungefährlich ist, und würde lernen, die Gefahren richtig einzuschätzen.

Marc Ferro: Niemand mehr trägt einen Moralkodex mit sich herum, an dem er sich beinahe instinktiv orientieren kann, wie zum Beispiel »Unrecht Gut gedeiht nicht«, eine weltliche Lebensweisheit, nach der sich Generationen gerichtet haben.

Philippe Jeammet: Dennoch muss man Grenzen finden. Erziehung muss es sich zur Aufgabe machen, Kindern beizubringen, wie sie mit Gefahren und Widersprüchen umgehen können. Es ist gar nicht so anders als in der Wirtschaft. Es gibt eine Ökonomie des Gefühls- und Beziehungslebens. Wir befinden uns in einem Kräftespiel zwischen verschiedenen Einflüssen ganz unterschiedlicher Herkunft. Unser seelischer Haushalt arbeitet ständig daran, dieses Gleichgewicht zu halten. So ähnlich wie eine Mutter die Atmosphäre des Familienlebens steuert, da, wo gemeinsames Leben und Vermittlung stattfinden. Nichtsdestoweniger stelle ich fest, dass der soziale Konsens auf höchster Ebene immer wieder ausgehandelt werden muss und dass das absolute Streben nach »Erfolg« nicht unbedingt mit dem übereinstimmt, was jeder in seinem Privatleben erfährt.

MARC FERRO: Im Privaten hat man die Schwierigkeit, sich immer wieder von Neuem entscheiden zu müssen.

PHILIPPE JEAMMET: Heute ist es unmöglich, entweder ständig zu gehorchen oder zu rebellieren, jeder muss selbst die Verantwortung für sich übernehmen, muss selbst nachdenken. Wenn Sie eine Debatte über staatsbürgerliche Moral fordern, dann geht es doch wohl gerade darum, diese Dinge zu lernen.
Jede Veränderung bringt Gefahren mit sich, kann zu Desorientiertheit, Zerfall führen, aber durch Immobilität lässt es sich auch nicht vermeiden. Es ist falsch, sich an dem festzuklammern, was man schon kennt, und nur das zu tun, was man schon immer getan hat. Immer dasselbe weiterzugeben bedeutet Tod. Gefahr *und* Tod werden nur dann eins, wenn man Angst hat, sich auf Gefahren einzulassen. In unserer Gesellschaft kann man sie nur verringern, indem man lernt, mit ihnen umzugehen. Dies ist nur möglich, wenn man bestimmte Grenzen setzt, besonders was den Respekt vor anderen angeht. Wenn die alte Devise »Meine Freiheit hört da auf, wo die des anderen beginnt« nicht beachtet wird – durch eine gewisse Disziplin und indem man klar zum Ausdruck bringt, wo die Grenzen liegen –, sind Individuen verwundbar, halten keinerlei Frustration mehr aus und wissen nicht mehr, wo ihre eigenen Grenzen sind. Dann sind sie grenzenlos in ihrer Gier. Und wenn manche gefährlich werden, sind sie ihrerseits einer größeren Gefahr ausgesetzt.
Es mag trivial erscheinen, aber mit Gefahren umzugehen bedeutet doch vor allem, der Realität Rechnung zu tragen, auf pragmatische Weise, ohne dabei die Achtung vor Werten auszuschließen. Es ist kein Zufall, dass Begriffe wie Stress, Anpassungsfähigkeit *(adaptation)*, Mit-etwas-Umgehen *(coping)* aus den angelsächsischen Ländern kommen. Während sich die angelsächsische Welt auch im Bereich der Philosophie dem Pragmatismus und Empirismus gewidmet hat, halten sich die ro-

manischen Länder und auch die deutsche Philosophie weiter an traditionelle Werte. Werte werden auf verschiedene Weise reguliert. Die Romanen haben den Sinn für die Großfamilie bewahrt, bei der die Bindung an den Vater wesentlich stärker ist als die an die Mutter. Das Machoverhalten hat wahrscheinlich mit dem Bedürfnis zu tun, sich vor weiblicher Allgegenwart zu schützen (der Donjuanismus ist zum Beispiel ein solcher Weg).

Ist das der Grund, weshalb die Angelsachsen – und die, welche ihre Kultur übernommen haben – uns heute um eine Länge voraus zu sein scheinen? Wir haben gesehen, dass Anpassungsprobleme sie im Hinblick auf ihr Wertesystem nicht infrage stellen, wie dies bei uns der Fall ist. Sie haben – darüber haben wir ja bereits gesprochen – zum Geld eine viel direktere, einfachere und weniger von moralischen Grundsätzen bestimmte Beziehung. Es ist einfach Mittel zum Zweck. Das Beispiel von den Universitätsprofessoren, die vorübergehend als Barkeeper arbeiten, macht dies sehr schön anschaulich.

Die romanische Welt hat lange mit dem Begriff der Sünde im transzendenten Sinn – Gottesurteil – gelebt, die angelsächsische Kultur hat dagegen immer mehr die Verantwortung des Einzelnen betont. Das Individuum hat Vorrang; nicht das System, die Zugehörigkeit zu einer Großfamilie oder einer Religion bestimmen den Wert und den Einsatz beim Spiel.

Mit Gefahren umzugehen bedeutet, sich um seine Entwicklung zu kümmern, in dem Wissen, dass diese Entwicklung mehrere Bereiche umfasst. Wir können uns nicht mehr im Namen heroischer Ideale für eine einzige Sache engagieren, denn wir wissen, dass die Kehrseite dieser Ideale oft die Kraft der Zerstörung ist.

MARC FERRO: Kann diese Bemühung um Entwicklung nicht zum Rückzug in sich selbst führen?

PHILIPPE JEAMMET: Entwicklung bedeutet nicht unbedingt nur Vollendung seiner selbst. Sie bedeutet Förderung eigener Möglichkeiten, geistiger, gefühlsmäßiger, körperlicher. Die Idee, dass der Einzelne versucht, ein Gleichgewicht zu finden, nimmt immer mehr Gestalt an, auch wenn das nicht immer leicht zu erreichen ist. Zum Beispiel wurde noch zu Anfang des 20. Jahrhunderts die Entfaltung des Einzelnen durch die Unterdrückung von allem, was mit Genuss und Sexualität zu tun hatte, behindert. Heutzutage hingegen haben manche schon so etwas wie ein Gleichgewicht zwischen Arbeit, Freizeit und Gefühlsleben gefunden, was leider durch die zentrale Rolle des Erfolgs, aber auch durch die gesellschaftliche Ausgrenzung vieler Menschen infrage gestellt wird. Doch mit der Fähigkeit zur Selbstreflexion, über die wir schon sprachen, glaube ich durchaus, dass wir unseren Kindern beibringen können, ihr Schicksal selbst in die Hand zu nehmen.

Das Gleichgewicht entsteht ja nicht dadurch, dass wir alle unsere Möglichkeiten in gleicher Weise wirksam werden lassen, sondern vermeiden, eine davon zugunsten einer anderen zu unterdrücken, oder wenn, dann ganz bewusst, weil man heute um Reichtum und Vielfalt menschlicher Möglichkeiten viel eher weiß.

Die affektive Entwicklung verläuft über den Austausch mit dem anderen und die Anerkennung seines Andersseins. Wenn man eine autarke Welt aufbaut, ist man durch sich selbst zu einem Übermaß von Akkumulation von Gütern und Besitz verdammt, man fällt zurück in Herrschaft, die nur eine Art der Zerstörung (auch seiner selbst) ist. Selbstbeherrschung bedeutet, eine innere Dynamik zu haben, die ständig in Bewegung sein muss, in sich selbst und gegenüber anderen; im sozialen Bereich müsste sie in konkretem und aktivem Bürgersinn zum Ausdruck kommen. Gute Führung entwickelt sich mit dem Lauf der Zeit, ist nicht statisch, die Kriterien, nach denen sie sich richtet, können sich ändern.

Dann könnten wir lernen, mit Veränderungen differenziert umzugehen. Einem Leben, das nur aus Arbeit und Schlafen besteht, eine Existenz gegenüberzustellen, in der persönliche Entwicklung möglich ist, ist eine zu grobe Sicht der Dinge. Es geht nicht um Alles oder Nichts. Man kann nicht mehr wie in den Sechzigerjahren sagen: »Das Vergnügen zuerst.« Man weiß inzwischen, dass Vergnügen nur in Anpassung an die Realität möglich ist. Die einzige Art, mit der Wirklichkeit umzugehen, besteht darin, sich auf sie einzulassen – was freilich weniger spannend ist, als sie zu leugnen –, damit man sie danach verändern kann. Natürlich besteht, wenn man sich zu sehr darauf einlässt und allzu kompromissbereit ist, die Gefahr, dass man alles geschehen lässt und nie versucht, Dinge zu verändern. Am Ende werden die Transformationen, die Sie beschrieben haben und die uns beunruhigen, uns so weit bringen, dass wir nicht mehr so große Reden führen. Wir müssen die Parolen aufgeben, die für bestimmte, sicher durchaus motivierende Wünsche stehen, aber exzessive Forderungen mit sich bringen, die ihrerseits zu Unbehagen, Frustration und Gewalt führen können.

Wir sind dabei, die großen Ideale aufzugeben, wie man Pläne für Städte aufgibt, die auf den Zeichnungen wunderbar aussahen. Sie faszinieren durch meisterliche Ausführung, Harmonie und Größe, sind aber zu weit weg von den Notwendigkeiten des täglichen Lebens, von dem letztlich so wichtigen Alltäglichen. Es wird einige Arbeit kosten, das Alltagsleben wieder aufzuwerten und sich nicht mehr von der letztlich phallischen Dimension des Brillanten, Großen verführen zu lassen. Die Menschen des 20. Jahrhunderts waren von Wohntürmen fasziniert. Dabei ist es unmöglich, darin zu leben. Was kann man daran heute anderes sehen als die Realisierung kindlicher Wünsche phallischen Ausmaßes? Es ist groß, es ist stark, egal ob es geeignet ist, zum Leben passt, eine Täuschung ist … Brasilia war ein begeisterndes Projekt, aber niemand möchte gern dort wohnen. Diese großen Projekte entsprachen dem Ideal der Beherrschung, der Dauer, der Macht, aber mit dem Leben haben sie nicht viel zu tun.

Ebenso wie ich glaube, dass man mit seinen Enkeln durchaus über den Weihnachtsmann reden kann, bin ich der Meinung, dass es gut wäre, Systeme aufzugeben, die zwar ein Ideal im Auge haben, aber viel kosten und falsch sind. Behalten wir unsere Träume, aber in dem Wissen, dass es Träume sind. Seit die Ökologie eine Rolle spielt, sind die großen Orientierungen, die sich mit der Aufklärung entwickelt haben, und der Fortschritt infrage gestellt. Dies könnte uns dazu bringen, neue Orientierungen zu finden, Werte neu zu bestimmen und nicht zu unterdrücken, nach dem zu suchen, was Leben und Beziehungen fördert, wobei besonders auf die »Lebbarkeit« der Dinge zu achten wäre. Ich habe jedenfalls die Hoffnung, dass wir das Ziel, Möglichkeiten auszubauen und dabei das Erforderliche nicht beiseite zu schieben, sondern es erreichbar zu machen, an die nächste Generation weitergeben.

Dies passt übrigens zu dem, was wir über die Aufwertung des Unterrichts sagten … Unterrichten, Erziehen, ist nicht unbedingt immer ein Vergnügen, doch es ist absolut wichtig. Die Schule bietet ein Erziehungsmodell an, das Wichtigste, das es neben der Familie gibt.

»WENN WIR IHNEN DIE WELT NICHT VERMACHEN, WERDEN SIE SIE ZERSTÖREN.« (Hannah Arendt)

Marc Ferro: Ich komme auf meine Frage zurück: Können wir für unsere Kinder ein Vorbild sein?

Ich habe am Lycée Rodin Geschichte unterrichtet, einer Schule in einem Arbeiterviertel. Es war die Zeit der Halbstarken, und ich kam gut mit meinen Schülern aus, die ab vierzehn mit laut knatternden Mopeds angefahren kamen. Als ich sie fragte, warum sie so gern Dinge zerstören würden, antworteten sie. »Sie

müssen verstehen, unsere Eltern haben ihr ganzes Leben gearbeitet, hier und da gestreikt und nur ein bisschen mehr
Lohn bekommen. Wie sollen sie da je rauskommen? Damit
man auf einen hört, muss man alles kaputtmachen.« Man
könnte sagen: Die ruinierten Bauern, von denen wir sprachen,
alle diejenigen, deren Berufe verschwinden oder schon verschwunden sind, die ihren Kindern kein Beispiel mehr geben
können, wie sollen sie noch Vorbild sein?

PHILIPPE JEAMMET: Wenn überkommene Werte nicht mehr
funktionieren, ist das kein Grund, dass neue Generationen
scheitern müssen. Die Kinder von heute sind erkennbar unsere Kinder. Wir können uns im Wesentlichen mit ihnen identifizieren und sie mit uns. Ich sehe keinen Bruch in den grundlegenden Dingen, wir haben weder das verloren, was im Wesentlichen unsere Person, noch das, was unser Menschsein
ausmacht.

MARC FERRO: Im Übrigen sehe ich eine Veränderung: Manche
karitativen oder humanitären Aktivitäten kommen heutzutage wieder gut an. Zu anderen Zeiten hätte ich mich darüber
lustig gemacht, hätte darin eine Flucht gesehen, heute neige
ich dazu, diese Leute, die so viel Großzügigkeit an den Tag
legen, zu bewundern. Sie tun etwas. Sie sind Vorbilder. Unser
individuelles Verhalten kann dazu beitragen, die Werte, die
wir für wichtig halten, weiterzugeben: Solidaritätsgefühl, geis-
tige Offenheit, Engagement, Übereinstimmung von Worten
und Taten. Die Ereignisse von 1968, die Rebellion der Jungen
gegen ihre Familie, erklären sich zum Teil aus der Kluft zwischen den Reden der Erwachsenen, die sich humanitär und
großzügig gaben, und ihrem Verhalten. Es wäre wünschenswert, dass wir aufgrund unseres Verhaltens einen gewissen
Einfluss auf die haben, denen wir unsere Werte vermitteln
wollen.

PHILIPPE JEAMMET: Haben wir die Kraft, genügend Sicherheit
zu geben, damit unser Wertesystem entwicklungsfähig und offen bleibt und sich nicht nach außen abschottet, weil wir Angst
haben? Mit Angst vermitteln wir gar nichts. Dass es zu Fehl-
schlägen kommen kann, ist sicher; dass dies im Einzelfall
schmerzlich ist, ist unvermeidlich. Wenn aber unsere Kinder
mit unseren Plänen nicht konform sind, müssen wir das hin-
nehmen, wir wollen ja nicht, dass sie unsere Klone werden.
Was zählt mehr: dass unser Sohn, unsere Tochter so sind, wie
wir sie uns erträumt haben, oder dass sie in der Lage sind, ihr
eigenes System zu schaffen, mit Werten, die dem entsprechen,
was wesentlich zur Menschlichkeit gehört?
Hierbei kann man dem Historiker eine Frage stellen: Glauben
Sie, dass, wie manche behaupten, der Humanismus am Ende
ist?

MARC FERRO: Nein. Er ändert sich, er folgt anderen Orientierungen. Dabei sind neue Kräfte wirksam.

PHILIPPE JEAMMET: Man kann ganze Bücher über Wirtschaft,
Unternehmensführung, Finanzen lesen, ohne dass vom Menschen die Rede ist. Ist die Idee vom Menschen überflüssig geworden?

MARC FERRO: Hatte der Mensch denn zu früheren Zeiten
einen besonderen Stellenwert? Man musste darum kämpfen,
dass er ihn überhaupt zugesprochen bekam. Man setzte sich
für die Menschenrechte, für menschenwürdige Arbeit, für die
Familie ein …
Weil die sozialen Gruppen nicht mehr homogen sind, ist diese
Haltung schon seit längerer Zeit in eine Defensive geraten.
Und auch Sinn und Zweck der Gewerkschaften werden nicht
mehr vorbehaltlos anerkannt, seit sich ihre Führer lieber mit
dem Regierungschef treffen als mit Arbeitslosen oder Illegalen.

Ich vereinfache etwas, aber im Grunde sind die Gewerkschaften heute mehr darauf aus, ihre Macht zu stärken – gegenüber Konkurrenten und Regierung – als die Ärmsten zu unterstützen. Trotz dieser Vorbehalte sind sie ein Schutz, den es sonst nicht gibt, eine Barriere gegen die Exzesse von Kapitalismus und Egoismus der Besitzenden.

Die großen Veränderungen haben die offensiven Kräfte zerstört. Aber trotz des herrschenden politischen Diskurses, der ökonomisch bestimmt ist, sehe ich Leute, die sich weiterhin dafür einsetzen, dass dem Menschen der Platz eingeräumt wird, der ihm gebührt.

PHILIPPE JEAMMET: Im 20. Jahrhundert ist das Wissen des Menschen explosionsartig erweitert worden, aber seine Fähigkeit zu zerstören ist ebenso gewachsen wie die Wohltaten, die aus diesen Entdeckungen hervorgegangen sind. Die Menschheit hat erreicht, was man als Freiheit des Denkens bezeichnen kann (trotz aller Vorbehalte durch die Konditionierungen, denen sie mehr oder weniger unterworfen ist), dazu eine größere Freiheit in der Wahl ihrer Lebensformen. Der Mensch merkt jedoch auch, dass die Freiheit, nach der er sich so sehnt, wenn sie ihm fehlt, nicht immer einfach zu realisieren ist. Sie befreit ihn nicht von seiner Endlichkeit und Einsamkeit, und sie befreit ihn nicht davon, sich nach dem Sinn des Lebens zu fragen. Insofern mag sie enttäuschend wirken, denn sie liefert keine anderen Gewissheiten als das Wissen, dass es keine gibt. Mir scheint, dass es einen engen Zusammenhang gibt zwischen der Fülle der Entdeckungen, den unsicher gewordenen Gewissheiten und Orientierungen von früher und dem Wahn, die Welt beherrschen zu wollen, der das 20. Jahrhundert in so entscheidender Weise geprägt hat. Herrschaft von Ideologien über den Geist, welche die an Einfluss verlierenden Religionen ersetzen wollten, aber zu nichts anderem geführt haben als zu todbringendem Totalitarismus; die Rache der verschiedenen

Formen des Fundamentalismus, die sich nur durch die Vernichtung des Individuums und das Anheizen eines paranoiden Hasses gegen den anderen halten können. Aber es gab auch die Beherrschung der Materie, deren vielleicht spektakulärste Form, die man übrigens leicht mit kindlichen Wünschen in Zusammenhang bringen kann, sich in dem Wettbewerb um Wolkenkratzer ausdrückt, den wir erlebt haben.

Zugleich sieht man jedoch, wie die Menschen solche vorübergehenden »Verrücktheiten« wieder aufgeben, erneut Geschmack an den einfachen Freuden des Lebens finden, deren mögliches Verschwinden dabei nicht den geringsten Anreiz darstellt. Dass unsere Welt, deren Entwicklung jedenfalls auf mittlere Sicht in unserer Hand liegt, zerbrechlich ist, scheint den Menschen zu helfen, ihre eigene Zerbrechlichkeit leichter zu akzeptieren, ohne sie durch zwanghafte Beherrschung aller Dinge kompensieren zu müssen. Die Faszination der Wolkenkratzer hat man aufgegeben, und viele Männer müssen sich nicht mehr als Machos gerieren, um sich als Männer zu fühlen. Sie weisen auch nicht das, was an weiblichen Anteilen in ihnen steckt, von sich, im Gegenteil, sie machen etwas Kostbares daraus.

Ich möchte damit sagen, dass parallel zu den neuen Formen von Erstarrung, die hier und da als Verteidigung gegen die Angst vor Unbekanntem und Beherrschungsverlust entstehen, wir die Entwicklung neuer Fähigkeiten zu individuellem und kollektivem Verhalten erleben, die durch das Unbekannte und die zum Leben gehörenden Risiken gefördert werden. An die Stelle von alles beeinflussenden Ideologien tritt die Fähigkeit der Individuen, gemeinsam Lebensregeln und Normen zu schaffen, von denen man weiß, dass sie entwicklungsfähig sind, und die man als solche anerkennt. Werden sie genügen, um der Versuchung standzuhalten, in den falschen Gewissheiten des bereits Bekannten zu verharren? Niemand weiß es, doch es gibt diese neuen Regeln und Normen, und schließlich hängt es von uns und unseren Entscheidungen ab, ob sie mit Leben erfüllt werden. Was man seinen Kindern hinterlässt, wäre damit weniger ein feststehender Inhalt, den man weiterhin unverändert beibehält, als ein lebendiger Prozess, bei dem neue Werte entstehen, im Dienst eines Lebens, von dem man weiß, dass es wie eine Flamme ist, die jederzeit erlöschen kann.

MARC FERRO: Jahrhunderte und Jahrzehnte lang glaubte man, Geschichte sei determiniert, habe einen Sinn, also eine bestimmte Richtung und werde von dieser oder jener Kirche, sozialen Gruppe oder Partei repräsentiert. Diese Auffassung hat sich nach kritischem Hinsehen als Illusion erwiesen. Man kündigte das Ende der Religionen an – sie haben wieder an Stärke gewonnen; man kündigte den Tod der Familie an – das Bedürfnis nach Familie kommt wieder, auch wenn es nicht immer offen ausgesprochen wird; man glaubte an die Verbesserung der Lebensumstände der Menschen – doch wir beobachten einen tiefer werdenden Graben zwischen Reichen und Armen. Klassische Sichtweisen sind also zumindest partiell gescheitert.

Was wir aus diesem Scheitern lernen, ist, dass Männer und Frauen in allen Lebensbereichen Formen des Widerstands gegen Niedergang und Scheitern entwickelt haben. Sie haben Kräfte zur Regenerierung gefunden.

Als Historiker habe ich die Erfahrung gemacht, dass in jeder Gesellschaft die Fähigkeit steckt, Mittel zu finden, mit denen man neuen, unvorhersehbaren Schwierigkeiten begegnen kann, Situationen, die nicht mit der eigenen Vorstellung von der Zukunft übereinstimmten. Angesichts der Unausweichlichkeit der historischen Entwicklung, die der Mensch nicht kontrollieren kann, kann man zumindest beobachten, dass seine Kreativität ihn befähigt, einen Weg zu finden, das Ruder wieder in die Hand zu nehmen und seine Zukunft zu retten. Dies stimmt mich optimistisch.

In sich und der Welt ruhen

Eckhard Schiffer

Wie Gesundheit entsteht

ESSAY

Salutogenese:
Schatzsuche statt Fehlerfahndung

BELTZ
Taschenbuch

Wie ensteht Gesundheit? Eine Frage, die sich kaum jemand stellt.

Über die Krankheit haben die Mediziner weitgehend die Gesundheit vergessen. Aber was genau ist Gesundheit, wenn wir sie nicht nur als Abwesenheit von Krankheit betrachten?

Das fragt Eckhard Schiffer, Analytiker, Arzt und Autor des Klassikers zur Suchtprävention *Warum Huckleberry Finn nicht süchtig wurde*. Nicht nach Fehlern und Störungen, die zur Krankheit führen, will er suchen, sondern nach schöpferischen Kräften, die seelische und körperliche Gesundheit von Kindheit an ermöglichen. Dabei stützt er sich auf das Konzept der Salutogenese – wörtlich übersetzt: Gesundheitsentstehung – Aaron Antonovskys und den Begriff der »Kohärenz« als Gefühl, »innerlich zusammengehalten zu werden, nicht zu zerbrechen und auch in äußeren Anbindungen Unterstützung und Halt zu finden«. Hat sich dieses Kohärenzgefühl in der Kindheit entwickelt, kann es in Krisen und Krankheitszuständen abgerufen werden. Dann können wir bedrohlichen Situationen und Belastungen positiv begegnen, wir nehmen sie als Herausforderungen an und zerbrechen nicht an ihnen.

»Schiffer schreibt über diesen inneren, abrufbaren Schatz, diese Stärke und eigene Möglichkeit der Lebensbewältigung, die gesund erhält und gesund macht, jenseits der medizinischen Fehlerfahndung.«
Süddeutsche Zeitung

Eckhard Schiffer
Wie Gesundheit entsteht
Salutogenese: Schatzsuche statt Fehlerfahndung
Beltz Taschenbuch 90
184 Seiten
ISBN 3 407 22090 1

Originalausgabe

BELTZ
Taschenbuch